Passives Einkommen

Die 40 leichtesten Wege zu Deiner finanziellen Freiheit

1. Auflage 2019

Inhaltsverzeichnis

Geld verdienen im Schlaf!

In diesem praktischen Ratgeber zeige ich dir 40 erprobte Wege um in Kürze finanziell frei zu werden. Du wirst sehen, es gibt viele Möglichkeiten, von denen du bisher nichts gewusst hast. Du kannst Dir damit ein schönes Nebeneinkommen aufbauen, oder auch komplett davon leben. Wenn du dich auf diese neuen Ideen zur Einkommensgenerierung einlässt, wirst auch du bald von deiner Trauminsel aus deinen Kontostand wachsen sehen.

Du solltest wissen, wie viel Glück du eigentlich hast, da du in der Lage bist Geld zu verdienen, während du schläfst. Du lebst in einer Zeit, in der du deinen Unternehmergeist fördern, Geschäfte gründen, um die Welt reisen und einen finanziell unabhängigen Status im Leben erreichen kannst. Uns bietet die Technologie Zugang zu der ganzen Welt – zu Orten, Menschen und Plattformen. All das gibt dir unzählige Möglichkeiten. Das Leben schreitet voran und dieses Buch wird dir zeigen, was für dich in der digitalen Welt von heute machbar ist!

Mit der aktuellen Technologie liegt es ganz bei dir, was du erreichst. Heutzutage hat jeder von uns die Möglichkeit, ein profitables Unternehmen aufzubauen, das mehrere, kontinuierliche Einkommensströme generiert. Um ein angemessenes Einkommen zu verdienen, musst du dir nicht mehr den Weg über die steile Karriereleiter erarbeiten. Die Gründung eines eigenen Unternehmens erfordert nicht mehr, dass du riesige Geldbeträge investieren oder deine Bank um große Kreditbeträge anflehen musst.

Dein Weg zu einem Leben voller Flexibilität und Freiheit beginnt mit dem ersten Schritt zur finanziellen Unabhängigkeit. Im Wesentlichen liegt der größte Teil deiner finanziellen Unabhängigkeit darin, sich eine passive einkommensgenerierende Maschine zu erschaffen. Obwohl das passive Einkommen vielleicht nicht die endgültige Lösung für deine unmittelbaren täglichen Sorgen oder Probleme im Leben ist, ist es definitiv dein Weg hin zum Erfolg. Zudem gibt dir dein passives Einkommen eine solide Grundlage für Reichtum, Zufriedenheit und Sicherheit.

Wenn du dich nicht mehr durch ein festes (und möglicherweise geringes) Einkommen und einen geregelten und tristen Arbeitstag schlagen willst, oder nicht mehr nur noch für deine Rechnungen arbeiten möchtest, wirst du das Eintreten der neuen Einkommensströme als Entspannung und Erleichterung erleben.

Du kannst die „Sklavenzeit " beenden und deine gewonnene freie Zeit nutzen, um von Zuhause aus bei deiner Familie zu arbeiten oder wertvolle Freizeit mit den Liebsten zu verbringen. Du hast nun die Möglichkeit, auf Freizeitreisen in andere Länder der Welt zu gehen, dich frei zu fühlen und in ein neues, wohlhabendes Leben zu treten.

Sind nicht all der Ärger und Kopfschmerzen deiner Arbeit eine solche Freiheit wert? Es ist höchste Zeit für dich, eine Pause zu einzulegen und dich von den Fesseln zu befreien, die dich immer wieder davon abgehalten haben ein erfüllteres Leben zu führen. Wenn du es mit dem Erfolg und dem Wohlstand des Lebens wirklich ernstmeinst, solltest du dich mit dieser Thematik befassen! Das passive Einkommen ist eine der grundlegendsten und wichtigsten Möglichkeiten, mit der reiche Menschen noch reicher werden. Wenn du die Grundlagen für dein passives Einkommen geschaffen hast, kommt das Geld automatisch.

Es ist ein wunderbares Gefühl, jeden Morgen aufzuwachen und mit Sicherheit zu wissen, dass neues Geld über Nacht verdient wurde.

Aber ist es wirklich so leicht? Die Antwort ist ein Jein.
Ja, weil du es schaffen kannst mit etwas anfänglicher Anstrengung zu diesem Punkt zu kommen und Nein, weil du dich von Nichts und Niemand daran hindern lassen darfst, konsequent an deiner finanziellen Freiheit zu arbeiten. Auch nicht von dir selbst. Du hast dein Glück selbst in der Hand und ich würde mal sagen, fast jeder kann es schaffen.

In den folgenden Kapiteln werde ich dir die unterschiedlichsten passiven Einkommensmöglichkeiten präsentieren, von denen du dir deine Favoriten heraussuchen kannst, um Geld mit etwas zu verdienen, das du wirklich liebst und kontrollierst.

Einfach ausgedrückt, bedeutet passives Einkommen, automatisch Geld zu verdienen, ohne dass du ständig arbeitest. Im Gegenteil dazu ist das aktive Einkommen ein Direktverdienst, da es deine Zeit in Geld umwandelt. Unabhängig von seiner Form – ob du fest angestellt bist, oder nur auf Stundenlohn arbeitest, ist das aktive Einkommen die Summe des Geldes, die du direkt für deine Leistung erhältst – nicht mehr und nicht weniger. Es handelt sich um ein „keine Arbeit, kein Gehalt " Machtspruch beim aktivem Einkommen – du bekommst kein Geld, wenn du nicht arbeitest.

Dein passives Einkommen kann aus einem neu gegründeten Unternehmen bestehen, aber auch einfach eine Investition sein, die jährlich, monatlich oder täglich Dividende abwirft und für einen steten Geldfluss sorgt.

Wenn dir ein zufälliges Ereignis widerfährt, das dich aus irgendeinem Grund außer Gefecht setzt – entweder durch eine Krankheit oder durch eine Verletzung, einen Unfall oder eine Katastrophe – wirst du mit hoher Wahrscheinlichkeit kein Geld mehr verdienen, beziehungsweise nach einiger Zeit weniger Geld. Oder du könntest deinen Job verlieren.

In der heutigen Welt leben die Menschen größtenteils nach dem Motto und den Systemen des aktiven Einkommens. Meist verdienen sie Geld auf der Grundlage der Zeit, die sie arbeiten. Im Gegensatz dazu arbeiten die Reichen in der Regel nach einem anderen System. Dieses System beinhaltet, dass die physische Zeit und Präsenz von dem Einkommen, das reinkommt, getrennt wird.

Sie verdienen passives Einkommen aus einer Vielzahl von Quellen wie Website-Anzeigen, Immobilienmieten, Zinsen, Dividenden, Lizenzgebühren, Franchisegebühren, etc. Dennoch ist die Generierung eines passiven Einkommensstroms nicht ganz automatisch. Du kannst nicht einen Knopf drücken und Geld kommt raus. Das wäre zu einfach. Eine gewisse Vorleistung und eventuell finanzielle Investition ist nötig. Du musst viel lernen am Anfang, deine Zeit und meist auch etwas Geld investieren und kannst später die finanziellen Früchte ernten.

In den meisten Fällen erfordert ein passives Einkommen zu Beginn eine größere Anstrengung und etwas Zeitaufwand (das heißt zum Beispiel bei der Erstellung eines Tutorial-Kurses per Video oder beim Schreiben eines 30.000 Wörter umfassenden E-Books etc.) Zudem ist meist auch ein finanzieller Erstaufwand von zum Beispiel Softwarekosten, Onlinekursen oder auch der Kauf eines Objektes notwendig. In der Zeit, in der du dein Unternehmen aufbaust, wird es noch kein passives Einkommen geben. Das heißt, solltest du keinen festen Job haben, musst du diese Anfangszeit finanziell überbrücken können. Und da kommen wir genau zum wichtigsten Punkt. Gut Planen, Dranbleiben und Durchhalten heißt die Devise.

Habe Geduld - sobald du deine Arbeit fertiggestellt hast und eventuell notwendige Marketingstrategien veranlasst hast, kannst du dich darauf beschränken, dein Geld zu beobachten, das kontinuierlich einfließt, während andere Leute dein Produkt kaufen und dir damit helfen, Deinen Geldfluss zu vermehren.

Das passive Einkommen bringt weiterhin Früchte, lange nachdem du deine ausstehende Arbeit beendet hast. Es ist wahrhaftig die lohnenswerteste Investition in deine Zukunft. Ein weiterer Vorteil kann eine zusätzliche Geldquelle beim Eintritt ins Rentenalter sein. Deine Rente wird dir höchstwahrscheinlich nicht deinen jetzigen Lebensstandard weiter ermöglichen. Da kann dir ein bis dahin gegründetes Unternehmen mit passivem Zusatzeinkommen helfen.

Du kannst dir nun in Ruhe alle Einkommensmöglichkeiten durchlesen und dich dann entscheiden. Am besten konzentrierst du dich zuerst auf eine Unternehmung - wenn es gut läuft, kannst du ein weiteres Modell dazu nehmen.

Aber wichtig ist zuerst der Fokus auf eine Sache. Eventuell kannst du dann später auch zwei ähnliche Modelle miteinander verknüpfen. Wenn du verstanden hast, wie passives Einkommen funktioniert, kannst du dein neues Geschäft auch skalieren oder auf ein anderes Unternehmensmodell übertragen. Das betrifft in jedem Fall die Nischensuche und das Marketing. Doch dazu später mehr.

Je nachdem, ob dir schon jetzt etwas Geld zur Verfügung steht, dass du in dein zukünftiges Unternehmen stecken möchtest, oder du lieber ohne Startkapital mit mehr Zeitinvestition beginnst- eine Anfangsinvestition und etwas Mühe und Ausdauer ist immer gefragt.

In Bezug auf die Zeit hat niemand mehr davon als die von der Natur vorgegebenen 24 Stunden pro Tag – unabhängig von seinem Alter, seiner Religion, seinem Beruf, seiner Herkunft oder seinem Standort. Deine Zeit ist sehr wertvoll. Sie existiert nur einmal, taucht auf, verschwindet und ist für immer weg. Da sie wertvoller ist als Geld, ist Zeit genau der Grund, warum das passive Einkommen so wichtig ist.

Die Bedeutung des passiven Einkommens in deinem Leben bedeutet nicht, dass du deine derzeitige Beschäftigung aufgeben musst. Das kannst du machen, ich würde dir aber raten, es erstmal nebenher zu probieren. Natürlich wirst du mehr Energie haben, wenn du gleich Vollgas gibst und dich nur auf das neue Einkommensprojekt stürzt. Aber Vorsicht: Ein guter Job hilft dir auch über die vielleicht etwas zähe Einstiegszeit hinweg.

Und es ist verständlich, dass du nicht so leicht deinen Vollzeitjob aufgeben kannst. Vor allem angesichts von Schulden und anderen dringenden, finanziellen Verpflichtungen wäre es weder machbar noch klug, über einen bestimmten Zeitraum hinweg ganz ohne Einkommen zu leben. Sichere dir zumindest deine Grundkosten, bevor du ein neues Projekt startest.

Dieses Buch wird dir 40 der besten und interessantesten passiven Einkommensideen präsentieren, die es heutzutage gibt. Du kannst jede dieser gewinnbringenden Ideen problemlos anwenden und daraus optimal langfristige und zuverlässige Einnahmequellen aufbauen. Ob du dazu neigst, ein Zusatzeinkommen von 500 Euro, ein Grundeinkommen von 2000 Euro oder sogar 5000 bis 10.000 Euro pro Monat zu verdienen, um dein jetziges Gehalt vollständig zu ersetzen – all die großartigen Ideen, die in diesem Buch beschrieben werden, können dein Finanzboot starten, das erfolgreich durch die Ströme des passiven Einkommens segelt!

Informiere dich weiter in Richtung unternehmerisches Handeln, in Richtung Erfolg und Glück. Sei süchtig nach Erfolg! Brenne dafür!

Beachte aber die Goldene Regel:
Investiere nur Kapital welches du im Zweifelsfall auch komplett verlieren könntest, ohne finanziell ruiniert zu sein.

Und: Verschwende nicht deine Zeit und beginne am besten schon heute! Alles, was nicht innerhalb der ersten drei Tage nach Entschlussfassung begonnen wird, verläuft meist im Sande.

Die Bedeutung und Vorteile des passiven Einkommens

Die meisten von uns wollten schon immer ihr Einkommen maximieren. Wir versuchen diese Ziele zu erreichen, indem wir uns an einer Vielzahl von Geschäftskonzepten und Anlagemethoden beteiligen. Für einige Menschen ist es einfacher solche Bemühungen durchzuführen als für andere. Tatsächlich hängt alles von den persönlichen Fähigkeiten oder dem Fachwissen, den Erfahrungen, den Ersparnissen oder dem Kapital, der geografischen Lage und den aktuellen persönlichen Umständen ab. Manche andere haben einfach nicht so viel Zeit übrig, um intensiv und kurzfristig alle Möglichkeiten durchzugehen und zu prüfen.

Die perfekte Option ist es, dein bestehendes oder verbleibendes Geld härter und kontinuierlicher für dich arbeiten zu lassen. Denn wer liebt es nicht, mehr zu verdienen und gleichzeitig effektiv nichts zu tun? Das ist der Grund, warum das passive Einkommen wirklich so wichtig ist. Im Folgenden werde ich mehr auf die Bedeutung und die Vorteile der Beschäftigung mit einem passiven Einkommensgeschäft oder Investitionssystem eingehen.

Das passive Einkommen bietet dir Zeitfreiheit

Zeit ist dein wertvollstes Kapital.

Man sagt: „Zeit ist Gold wert; Zeit ist weitaus wertvoller als Geld. "

Du strebst also danach eine echte finanzielle Freiheit erlangen, was sich in mehr Geld und mehr Freizeit widerspiegelt. Du besitzt dann mehr Zeit, wenn du von dem Druck befreit wirst, kontinuierlich Geld herbei zu schaffen – in dem Moment, wenn das Geld durch deine Einkommensquelle von selbst zu dir findet und du deinen finanziellen Verpflichtungen von Monat zu Monat nachkommen kannst, ohne von Nine to Five zu arbeiten. Das bedeutet jedoch nicht automatisch, dass du bereits völlige Freiheit hast oder von all deinen Verpflichtungen im Leben befreit bist. Das bedeutet einfach, dass du nach einer Anfangsphase einen gewissen monatlichen Betrag mehr zu Verfügung hast, ohne dauernd dafür zu arbeiten.

Wenn du dir nach einer Weile sicher sein kannst, dass dein passives Einkommen deine monatlichen Ausgaben übersteigt, kannst du aufatmen und gewinnst mehr Kontrolle über dein Leben. Dein ganzes Dasein entspannt sich. Wenn du durch eine tägliche oder wöchentliche Kontrolle dein Business im Griff behältst, wirst du ein ganz neues Lebensgefühl und eine neue Sicherheit erlangen.

Die meisten Einkommensmodelle kannst du digital von jedem Punkt der Welt managen und kontrollieren.

Es ist ein schönes Gefühl, morgens als erstes den Kontostand zu checken und zu sehen, dass dein Geld über Nacht mehr geworden ist. Und es funktioniert wirklich. Zum Beispiel beim Kindle Business siehst du nach dem Login, wieviel Geld dir deine Ebooks und Taschenbücher über Nacht gebracht haben. Und das ist fantastisch!

Wenn du überlegst, wieviel Stunden du dafür im Büro hättest verbringen müssen, wirst du erkennen, dass die aktive Arbeit tatsächlich die Hälfte deiner gesamten Zeit ausmacht. Sagen wir, du arbeitest regelmäßig 8 Stunden am Tag an fünf Tagen der Woche. Das sind ganze 40 Arbeitsstunden pro Woche. Füge einen täglichen achtstündigen Schlaf hinzu und wir haben 56 Stunden pro Woche. Da eine Woche insgesamt 168 Stunden hat, bedeutet das, dass du 112 Stunden in der Woche wach bist und arbeitest. Kurz gesagt, arbeitest du mehr als 35% der Zeit im Wachzustand!

Wenn du die Fahrzeit zur Arbeit miteinbeziehst, also insgesamt eine halbe Stunde, dann verlangt deine Arbeitswoche eigentlich mehr als 40% deiner gesamten Zeit. Du wirst also viel qualitative Lebenszeit gewinnen.

Das passive Einkommen reduziert Stress und Zukunftsängste

Nichts ist schlimmer, als den Druck zu ertragen, wenn das Geld am Monatsende knapp wird oder Angst zu haben, dass dein Geld in Zukunft nicht mehr ausreichen könnte. Dies gilt natürlich auch im Hinblick auf eine magere Altersrente. Diese Angstgefühle zerstören deine Lebensqualität und der emotionale Stress und die ständige Unsicherheit können sich auch auf deine körperliche Verfassung auswirken.

Jeder wünscht sich und braucht auch eine gewisse Sicherheit im Leben. Dein passives Einkommen kann dir das bieten ohne, dass du gezwungen wirst Dinge zu tun, die du nicht liebst.

Das passive Einkommen hilft dir dabei, deine Ängste zu loszulassen, da du dir keine Sorgen mehr über den Verlust deines Jobs oder die plötzliche Folge eines Personalabbaus im Unternehmen machen musst. Falls irgendetwas deinen Job bedroht, kannst du entspannter überlegen und handeln. Ohne die Angst und Sorge vor einem drohenden finanziellen Untergang wirst du emotional und mental ruhiger. Du fühlst dich wohl und gesichert. Du wirst inspirierter, motivierter, selbstbewusster und energiegeladener werden, sodass du aus deiner Komfortzone herauszukommen und durch die gewonnene Freiheit dein neues Geschäftsmodell weiter skalieren kannst.

Grundsätzlich gibt es viele Arten des passiven Einkommens. Wir unterscheiden in unserem Buch zwischen zwei Möglichkeiten des passiven Einkommens. Zum einen gibt es das passive „Offline-Einkommen " und zum anderen das passive „Online-Einkommen ".

Beide Varianten haben ihre Vor- und Nachteile. So kann man in der Regel davon ausgehen, dass es für Personen mit viel Kapital leichter ist offline passive Einkommensströme zu generieren, und Personen mit eher wenig Kapital online eher passiv Geld verdienen können. Offline wären zum Beispiel Immobilienprojekte, während ein Ebook zu den digitalen Einkommensmodellen zählt. Das heißt, bei vielen Businessmodellen reicht ein Notebook mit Internetverbindung, um Geld zu verdienen.

Weiter gibt es auch noch unterschiedliche Möglichkeiten, bei denen man online oder offline passives Einkommen generieren kann. So gibt es Geschäftsmodelle, bei denen man sofort die Erfolge oder Misserfolge sehen kann, es gibt aber auch Bereiche, bei denen es Monate oder Jahre dauern kann, bis das Gerüst steht. In diesem Buch zeige ich viele verschiedene Varianten auf. Du kannst dich dann entscheiden, ob du lieber langfristig planst und mehr Zeit und Geld investierst, um ein stabiles Einkommen, vielleicht auch eine richtige Rente zu erhalten oder lieber schnell ein geringeres Taschengeld oder kleines Zusatzeinkommen generieren möchtest.

Das passive Einkommen, sowie die Führung eines Unternehmens, ist ein endloser Lernprozess. Das Schöne daran ist, dass das passive Einkommen dir nicht nur einen stabilen zusätzlichen Geldfluss bietet, sondern auch dein Wissen und deine Erfahrung bereichert. Da es sich um eine berufliche Weiterbildung handelt, fördert die Beschäftigung mit passivem Einkommen deine fachliche Kompetenz und dein Wachstum.

Das passive Einkommen erfordert aber viel Eigeninitiative und einen starken Willen. Du musst dir selbst Wissen beibringen durch Kurse oder durch Nachlesen im Internet und das auch selbstständig durchziehen. Das ist nicht für jeden geeignet. Auch musst du dich zumindest am Anfang für ein Unternehmensmodell entscheiden.

Du musst leidenschaftlich an dem Aufbau deines Unternehmens arbeiten und für deine Kunden einen Mehrwert schaffen, so dass dein Geschäftszweig begehrenswert wird. Du musst außerdem die Kunst und die idealen

Praktiken des Marketings erlernen. Es ist immer möglich viele verschiedene Arbeitsabläufe auszulagern. Doch in den meisten Fällen zwingt dich dein eigenes Geschäft dazu, dich mit verschiedenen Geschäftsaspekten auseinanderzusetzen und neue Fähigkeiten zu erlernen, die du noch nie zuvor kennengelernt oder geübt hast.

Immer noch dabei? Prima: Dann kannst du dir nun entspannt und in Ruhe die verschiedenen Einkommensmodelle von mir präsentieren lassen.

Es wird dir niemand etwas schenken und nur du allein bist dafür verantwortlich für deinen Erfolg oder Misserfolg. Mit dem Erwerb dieses Buches hast du bereits den richtigen Weg eingeschlagen.

1. Goldene Regel: Du allein bist für dein Handeln verantwortlich!
2. Goldene Regel: Es wird dir niemand etwas schenken. Von nichts, kommt nichts!
3. Goldene Regel: Du musst es unbedingt wollen!

Einkommensideen für Affiliate Marketing

Was ist das Affiliate Marketing und wie lässt sich mit diesem Geschäftsmodell Geld verdienen?

Das Affiliate Marketing ist ein Business-Modell, das man auch als erfolgsbasiertes Partner-Marketing betrachten kann. Es funktioniert auf Erfolgsbasis, was bedeutet, dass man nur Geld verdient, wenn man als Partner dem Unternehmer zahlende Kundschaft bringt. Das Wort „Affiliate " bedeutet übersetzt Partner. Der Affiliate promotet oder wirbt für ein Produkt oder eine Dienstleistung eines fremden Unternehmens und erhält bei erfolgreicher Vermittlung eine festgelegte Provision.

Hier gibt es zwei typische Arten der Provisionsbasis. Die am häufigsten vorkommende Art ist die Pay-per-Sale, das heißt „Bezahlung nach erfolgreichen Verkauf ". Der Affiliate erhält seine Provision erst, wenn er einen neuen Kunden für das Unternehmen gewinnen konnte. Meist erhält er hier einige Prozent des Verkaufspreises. Die zweite, aber etwas seltenere Art der Provision, ist die Pay-per-Click oder Pay-per-Lead Methode. Hier erhält der Affiliate seine Provision bereits, wenn er einen potenziellen Kunden auf die Website oder eine bestimmte

Seite des Unternehmens leitet. Der Kunde muss nicht zwingend etwas kaufen, um dem Affiliate die vereinbarte Provision zu garantieren. Wie du dir möglichweise bereits denken kannst, kommt es bei diesem Geschäftsmodell vor allem auf Traffic (Besucher), eine ausgezeichnete Internetpräsenz und eine exzellente Konversionsrate an. Schaffst du es nicht, genügend Besucher zu aktivieren, wirst du dich mit Aufbau dieses Einkommensbereiches schwertun.

Wie findest du nun am besten geeignete Artikel und Partnerfirmen?

Ganz oben steht der Amazonmarktplatz für alle Arten von Artikeln.

Du findest das Programm auf:
https://partnernet.amazon.de/

Ein weiterer beliebter Platz ist Digistore24.
https://www.digistore24.com/affiliates

auch interessant:
https://www.awin.com/de/publisher/advertiser-verzeichnis

Aber es gibt sogar Seiten für Partnerprogramme. Zum Beispiel:
https://www.100partnerprogramme.de/

Bestimmt ist da auch dein Lieblingsnischenthema dabei.

Doch lass uns die einzelnen und spezifischen Arten des Affiliate Marketings betrachten, um Näheres herauszufinden.

1.Nischen-Affiliate Seite

Lass uns direkt bei dem typischen Beispiel des Affiliate-Business beginnen – der Nischenseite. Im Grunde beschreibt eine Nische nicht mehr als eine bestimmte Thematik, auf die sich der Affiliate Partner spezialisiert. Du musst dir ein Thema oder einen Bereich suchen, der beliebt und gefragt, aber nicht überlaufen ist. Wenn du dich beispielsweise sehr für Musikinstrumente interessierst, ist das bereits eine gute, aber etwas zu große Nische. Du wirst dort zu viel Konkurrenz haben. Das Ziel einer Nischenseite ist es immer ein möglichst großes Interesse deiner Kunden zu erwecken, jedoch gegen möglichst wenige Mitstreiter konkurrieren zu müssen.

Wenn wir uns nun auf das Beispiel mit den Musikinstrumenten einlassen, was fällt dir auf? Genau, das Thema ist zu groß und nicht sehr spezialisiert ausgewählt worden. Aus diesem Grund musst du jetzt überlegen, wie du diese interessante Nische noch herunterbrechen kannst, um eine Unternische zu finden. Der nächste Schritt wäre beispielsweise die Überlegung das Thema ‚Gitarren ' als Unternische auszuwählen. Noch spezifischer wird es, wenn wir uns auf E-Gitarren fokussieren. Und wenn es noch detaillierter sein soll, entscheiden wir uns für E-Gitarren aus den 80er-Jahren. Das wäre dann schon einer Micronische. Ich hoffe, du verstehst nun, was eine Nische ist. Die Nische, die du endgültig für dein Affiliate-Marketing auswählst, sollte immer noch genügend Interessenten haben und dennoch auf ein spezifisches Themengebiet eingehen.

So hast du die besten Erfolgschancen für dein Affiliate-Geschäft. Eine Nischen-Affiliate Seite ist nichts weiter als eine eigene Webseite, auf der du die Produkte deines Affiliate-Partners bewirbst. In diesem Fall wäre das ein Gitarrenhersteller oder Verkäufer mit E-Gitarren aus den 80er Jahren.

Sei dir allerdings darüber bewusst, dass der Aufbau und der Weg zum Erfolg bei diesem Geschäftsmodell Geduld, Zeit und Einarbeitung beanspruchen.

Zuerst suchst du einen prägnanten Namen für dein Business und registrierst eine Domain. Der Name sollte den Kunden gleich auf dein Angebot hinweisen und gut zu merken sein. Wenn wir bei dem Thema Gitarren bleiben, hier eine Beispielseite, die Gitarren testet und anbietet:

https://www.hobbylux.de/gitarre-test/
Auf dieser Seite siehst du gleich die Verlinkung zu einem Amazon Produkt und zusätzlich den Mehrwert in Form von weiterer Info. Eine gute Webseite erstellst du dann mit einem kostenlosen Programm wie WordPress, Wix oder ähnlichen Anbietern. Wenn du weißt, was du anbieten möchtest und genug Info gesammelt hast, kannst du mit dem Aufbau der Seite beginnen. Plane dafür 1-3 Tage ein, falls du dich nicht so gut damit auskennst. Auf youtube kannst du dir verschiedene Videos anschauen, die den Aufbau zeigen. Auch gibt es viele bereits fertige Templates für deine Affiliatewebseite.

Zum Beispiel: https://affiliatetheme.io/

Dort bekommst du auch gleich Anregungen für deine neue Seite.

Falls du etwas Geld zur Verfügung hast, ist es auch möglich die Seite von einem Freelancer bauen zu lassen. Das spart dir Nerven und Zeit. Freelancer findest du zum Beispiel bei „Machdudas ", auf „Fiverr " oder „Upwork " Das sind Plattformen, auf denen Freiberufler ihre Dienste anbieten. Du gibst dort ein Gesuch auf und meist melden sich gleich einige Leute, die dir helfen können. Suche nicht nach dem günstigsten Angebot, sondern wähle jemand, der schon mehr Erfahrung auf dem Gebiet hat und gute Bewertungen vorweisen kann. Lass dir Arbeitsproben schicken und vereinbare auf Machdudas eine Anzahlung. Bei Fiverr erhält dein Designer erst das Geld, nachdem du mit dem Produkt zufrieden bist.

Wenn du deine Nischen-Seite nun fertig hast und deine Affiliate Produkte eingebunden hast, musst du mit dem Vermarkten deiner Seite beginnen um Geld zu verdienen.

Vermarktung ist das A und O, um kontinuierlich Erfolg zu haben. Schließlich möchtest du ja viel Traffic auf deine Seite bringen, um die Kunden zum Kaufen oder Klicken zu animieren.

Dafür muss deine Seite für die richtigen Keywords optimiert sein. Eine optimale Suchmaschinenoptimierung für Google ist das Wichtigste. Gutes SEO bedeutet einen vorderen Platz bei der Google-Suche. (Seo übersetzt: Search engine optimization) Viele vorgefertigte Templates sind schon seooptimiert. Du kannst dafür auch kostenlose Tools nützen wie zum Beispiel bei: https://seo-summary.de/seo-tools-kostenlos/

Das Ziel ist es, auf den vordersten Platz in der Googlesuche zu gelangen, doch das bedarf Geduld und Arbeit. Auch hier empfehle ich Videos auf YouTube oder einen Fachmann (siehe oben). Zudem solltest du deine Nischenseite zusätzlich kostenlos über Social-Media (Facebook, Twitter, Instagram etc.) promoten. Eventuell gründest du dafür eine Facebookgruppe, in der du kostenlose Inhalte den potentiellen Kunden zur Verfügung stellst. Diese können dann durch Aktionen wie Umfragen oder ein Quiz auf deine Landingpage/Kaufseite geleitet werden. Auch kostenpflichtige Google Ads und Facebook Ads solltest du in Betracht ziehen. Machst du alles richtig, benötigst du nun etwas Zeit und musst am

Anfang viel austesten. Erste Erfolge können kurzfristig kommen.

Viele interessante Tools gibt es auch auf: https://marketingunited.org/wiki/Hauptseite

►Wie viel kann ich verdienen?
Affiliate Marketing und eine Nischen-Affiliate Seite sind ernstzunehmende Geschäftsmodelle mit denen einiges an Geld zu verdienen ist. Die Prämisse für dein Einkommen sind die Besucher deiner Webseite und die Anzahl der Klicks/ Käufe, die sie hinterlassen. Nach oben sind keine Grenzen gesetzt. Es gibt einige Personen, welche mit einer Nischen-Seite drei bis fünfstellig verdienen. Das Gros der Verdienste bewegt sich eher zwischen 100 und 500 Euro.

►Wie hoch ist der Aufwand?
Der Aufwand beim Start einer Nischen-Seite ist definitiv nicht zu unterschätzen und keines der leichtesten Business-Modelle. Zudem bedarf es einer Menge Hintergrundwissen, um das ganze System und die benötigten Informationen richtig zu verstehen und praktisch einzusetzen. Hinzu kommt die benötigte Geduld. Besonders für Anfänger kann dieses Geschäftsmodell zu Beginn abschreckend sein, da sich Erfolge nicht unbedingt in

kurzer Zeit zeigen werden. Der hohe Aufwand zahlt sich letztendlich allerdings aus. Bis die erste Nischenseite steht, kannst du als Anfänger inklusive Keyword Recherche etwa eine Woche Arbeit einplanen. Die Vermarktung mit kostenpflichtigen Facebook Ads dauert etwa 10 Tage, um die richtige Zielgruppe zu finden und kostet Geld. Auch Google Ads benötigen einige Wochen oder Monate, bevor du auf den vorderen Plätzen landen kannst.

Trotzdem: Die Verdienstmöglichkeiten mit einer Nischen-Seite sind außerordentlich gut, was einen guten Grund liefert, doch in das Business-Model des Affiliate Marketings einzutauchen.

▶Dauer bis zu ersten Einkommen?

Gerade am Anfang kann der Erfolg des Geschäftes von den ersten Wochen oder Monaten abhängen. Falls du vorhast, eine Nischen-Seite zu starten und damit ein solides Einkommen zu erlangen, benötigst du definitiv Geduld.

Das Business-Modell dauert zwar etwas länger als andere Geschäftsideen, wird am Ende jedoch auch durch sehr gute Einnahmechancen belohnt. Hier liegt die Devise ganz klar bei: Qualität über Quantität.

2. Leadgenerierung

Wir bleiben bei Affiliate-Marketing. Auch die Möglichkeit der Leadgenerierung verwendet eine ähnliche Herangehensweise wie die Nischen-Seite. Der Unterschied liegt hierbei in dem Grund, weshalb dich dein Affiliate-Partner bezahlt. Wobei im ersten Beispiel häufiger vom Verkauf eines Produktes oder einer Dienstleistung des Partners die Rede ist, geht es in der Leadgenerierung nicht um das direkte Verkaufen.

Der Affiliate-Partner gewährt uns in diesem Geschäftsmodell bereits dann eine Provision, wenn wir ihm einen Besucher auf seine Webseite weiterleiten oder wenn sich ein Besucher beispielweise in seinen E-Mail Newsletter einträgt. Im Grunde bietet sich für uns hier eine interessante Gelegenheit schneller Geld zu verdienen. Auch der Aufwand ist nicht größer, sondern wenn überhaupt gleich groß.

Eine treffende Definition der Leadgenerierung lautet: die Weiterleitung potenzieller Kunden. Hier benötigst du bestenfalls eine eigene Website, auch wenn hier bereits eine Landing Page mit einem guten Conversion Funnel ausreicht.

Dieser Funnel verspricht deine Besucher nach und nach in Kunden zu verwandeln, die zumindest die Partnerseite besuchen. Gute Landing Pages kannst du zum Beispiel bei Funnelcockpit: bit.ly/2PfKSzE erstellen. Weiterhin musst du darauf achten, deine Seite möglichst gut auf Google zu platzieren. Hier gilt es wieder sich mit SEO bekannt zu machen. Startest du dieses Geschäftsmodell als Agentur, kannst du besonders kleineren und lokalen Unternehmen bei ihrer Online-Präsenz zur Seite stehen. Diese sind oftmals bereit viel Geld zu zahlen, sofern sie brauchbare Ergebnisse erhalten.

►Wie viel kann ich verdienen?

Auch diese Frage lässt sich pauschal nicht so einfach beantworten. Hier spielen einige Fragen eine Rolle. Mit welchen Kunden arbeitest du? Mit wie vielen Kunden/ Affiliateseiten arbeitest du?

Wie viele Funnels/ Landingpages hast du erstellt zu verschiedenen Nischenthemen? Was wird pro Klick gezahlt? Ein Verdienst von zweistelligen Summen bis zu mehreren Tausend Euros ist möglich.

►Wie hoch ist der Aufwand?

Der Aufwand liegt etwa im gleichen Rahmen wie bei einer Nischen-Seite. Plattformen wie Funnelcockpit bit.ly/2PfKSzE und Wordpress mit speziellen Themes wie https://affiliatetheme.io/r/7069/ bieten gute Baukastensysteme und Vorlagen, mit denen du dir deine Arbeit deutlich leichter machen kannst. Finanziell wirst du um ein Abo einer Software möglicherweise nicht rumkommen. Das kann sich bis 50 Euro im Monat belaufen, erleichtert aber viel Arbeit. Auch bei diesem Business-Modell steht das Marketing an erster Stelle. Du solltest dich also wiederum umgehend mit SEO und Social Media Marketing sowie Facebook und Google Ads vertraut machen, um wirklich Erfolg mit deinem Business zu erzielen.

►Dauer bis zu ersten Einkommen?
Ähnlich wie bei der Nischenseite wird es einige Wochen dauern. Du kannst aber theoretisch nach etwa zwei Wochen deine ersten Provisionen verdienen. Affiliate-Partner findet man einfach. Falls du schnell genügend Traffic auf deine Seite sendest, erhöhen sich auch die Konversionen und dein Partner bezahlt dich dafür. Bei guter Umsetzung sollte es sich auch nur um wenige Wochen handeln bis du die ersten Euros verdient hast.

3.Affiliate Marketing mit eigenem Produkt

Bislang haben wir nur davon gesprochen, fremde Produkte zu vermarkten. Wieviel mehr könnten wir aber verdienen, wenn wir ein eigenes Produkt hätten? Und zudem selbst Affiliate Partner suchen, die unser Produkt vermarkten wollen?

Ein eigenes Produkt lässt sich über verschiedene Anbieter realisieren beziehungsweise dort auf dem Marktplatz einstellen.

Der größte und bekannteste ist in Deutschland bestimmt https://www.digistore24.com/ aber es gibt noch https://www.awin.com/de und einige mehr.

Bei allen hast du die Möglichkeit, ein eigenes Ebook, einen Videokurs oder auch ein Coaching etc. einzustellen und zu verkaufen.

Wie kannst du dies nun realisieren?
Ganz einfach. Du überlegst dir genau, welche Art von Business dich interessiert. Was liegt dir? Welches Thema ist von allgemeinem Interesse und trotzdem nicht überlaufen? Aber auch: Wieviel Geld möchtest du investie-

ren? Also musst du dich wiederum mit der Nischensuche beschäftigen.
Ein Ebook über ein Thema, das bei vielen ein Problem lösen kann, ist sicher das günstigste Produkt. Investition ca 400 bis 600 Euro für den Text. 40 – 200 Euro für Covergestaltung inklusive Logo. Dazu kommen wie bei jedem Produkt Verkaufstexte, ein kleines Verkaufsvideo und natürlich eine Software, mit der du das Ganze aufsetzt. Ich empfehle da auch wieder Funnelcockpit / bit.ly/2PfKSzE..

Aber es gibt natürlich auch andere Anbieter:

https://oneclickbusiness.com/
Kostenlose Variante: Selbstverständlich kannst du auch alles selbst erstellen.

Als zweite Möglichkeit könntest du einen Videokurs aufnehmen, um für deine Kunden ein Problem zu lösen. Beispiel: „Fett abnehmen am Bauch " oder „Raus aus der Depression ". Solche Kurse lassen sich auch gut auf Udemy.com verkaufen. Udemy hat auch ein Affiliateprogramm, dass du dann nützen kannst, indem andere Affiliates für deinen Kurs werben.

Einen Videokurs zu erstellen, bedeutet etwas mehr Arbeit, aber du kannst diesen auch teurer verkaufen.

Ein Kurs umfasst etwa 1-2 Std bearbeitetes Videomaterial. Du benötigst mindestens ein gutes Smartphone oder eine Webcam und am besten ein externes Mikrophon. Nach Aufzeichnung musst du alles sichten und schneiden. Du kannst dich in dem Kurs selber als Sprecher zeigen oder einfach Folien vorlesen und Bilder oder Grafiken einblenden. Selbstverständlich kannst du auch hier jemand engagieren, der das für dich macht. Solche Kurse sind auch nicht auf eine Vermarktungsplattform beschränkt, sondern können auf mehreren digitalen Marktplätzen Geld bringen. Kostenpunkt- auch ca 150 bis 600 Euro, je nachdem, wieviel du selbst machst. Nach oben ist keine Grenze gesetzt. So ein Videokurs kann zwischen 40 und 150 Euro bringen oder auch mehr.

Für ein Coaching gilt dasselbe. Du kannst dein Coaching zum Großteil auf Video aufnehmen und bietest dazu persönlichen, individuellen Support. Dabei bist du meist selbst als Person mehr involviert und hast eventuell noch 1:1 Gespräche mit deinen Kunden. Insofern generiert ein Videokurs eher passives Einkommen als ein Coaching.

Digistore24 bietet seit einiger Zeit auch eine Software für ein fertiges Business an. Ich habe es mir angeschaut, und es hört sich interessant an.
Bei Interesse: https://oneclickbusiness.com/

▶Wie viel kann ich verdienen?
Du kannst zwei bis fünfstellig verdienen, wenn du ein gutes Produkt mit Kittelbrennfaktor erstellt hast, das heißt, ein Produkt, das ein dringendes Problem löst.

▶Wie hoch ist der Aufwand?
Auch hier gilt: Ohne Werbung geht nichts.
Das eigene Produkt kann noch so gut sein, wenn man keine Käufer hat, nützt es nichts. Am Anfang wirst du wahrscheinlich erstmal etwas Geld investieren müssen. Ich schätze allein an Werbung werden es bestimmt mindestens 100 bis 300 Euro sein. In diesem Fall schaltest du am besten Facebook Ads.

Wie das genau geht und wie du dir ein Konto einrichtest erfährst du kostenlos in youtube oder du kannst hier einen guten Kurs kaufen:

https://www.superiormarketing.de/fbsp/

►Dauer bis zu ersten Einkommen?
Es kann ganz schnell gehen. Die ersten Verkäufe hatte ich bereits nach dem Austesten der Zielgruppe mit Facebook Ads nach etwa einer Woche. Natürlich muss man dann noch die Feinheiten einstellen und immer wieder etwas an der Landingpage verbessern.

4.Coupon Website

Die vierte Möglichkeit des Affiliate Marketing führt dich erneut zu einer eigenen Webseite. Im Grunde läuft es bei Affiliate Marketing immer auf eine eigene Webseite in verschiedenen Layouts und mit verschiedenen Produkten hinaus. In diesem Fall nutzen wir Rabatt-Codes von Online-Shops, um durch den Einsatz dieser eine Provision zu erhalten. Wenn wir heute einen Blick in einen der zahlreichen Online-Shops werfen, finden wir zu jedem Produkt einen bestimmten Rabatt.

Entweder wir sparen direkt einen bestimmten Betrag oder man gewährt uns einen prozentualen Rabatt. Wie auch immer, der Kunde ist durch einen Preisnachlass deutlich gewillter zu kaufen als wenn der Preis fix ist. Aus diesem Grund bietet sich diese Nische an, wenn man in das Affiliate Marketing einsteigen möchte. Es gibt zwar bereits einige Giganten in diesem Bereich (Groupon, MyDeals usw.), doch in bestimmten Nischen können diese Gutscheine dennoch hochprofitabel sein. Es geht hier also mal wieder darum eine profitable Nische zu finden.

Wie erhalte ich meine Provision? Wenn ein Besucher auf deiner Seite nach einem Rabattcode sucht und ihn anschließend einlöst, muss er einem Cookie zustimmen. Dieser Cookie wird nun im Browser des Besuchers gespeichert, wodurch unser Affiliate Partner sehen kann, ob der Besucher anschließend etwas gekauft hat. Ist dies der Fall, erhalten wir unsere Provision.

Möglicher Partner: https://www.belboon.com/de/

►Wie viel kann ich verdienen?
Auch hier ist alles möglich. Von zweistellig bis zu mehreren tausend Euro ist alles möglich. Bei einer Coupon Website hängt der Erfolg immer von der Wahl der richtigen Nische ab. Große Bereiche der benötigten Coupons und Gutscheine sind bereits durch die Marktführer wie Groupon oder MyDeals abgedeckt, weshalb eine genaue Nischenanalyse erfolgen sollte. Die Nische sollte von den bekannten Seiten noch nicht vollständig, oder sogar überhaupt nicht, entdeckt worden sein und den-

noch profitabel sein. Schaue dich um, ob die Interessentengruppe der Nische groß genug ist und wie hoch die Preise der Produkte sind, von denen du letztendlich die prozentuale Provision erhältst.

►Wie hoch ist der Aufwand?
Der Aufwand besteht im Grunde aus dem Aufbau der Webseite, dem Implementieren der verschiedenen Gutscheine bzw. Affiliate-Partner und der anschließenden Vermarktung. Auch hier muss besonders auf SEO geachtet werden, um die Seite auf Google möglichst hoch zu ranken. Die Instandhaltung der Seite erfordert allerdings weniger Aufwand.

►Dauer bis zu ersten Einkommen?
Wie lange es dauert bis du deine ersten Euros verdient liegt ganz an dir und deiner Seite. Falls du eine gute und unentdeckte Nische gefunden hast, kann der ganze Prozess sehr schnell gehen. Was vor allem wichtig ist, ist das richtige Marketing. Die Leute können nicht bei dir kaufen, wenn sie dich nicht kennen. Achte deshalb besonders auf richtige SEO und danach auf die Optimierung deiner Webseite. Umso mehr Personen deine Website besuchen, umso schneller wirst du Geld verdienen.

5. Preisvergleichsportal

Wieso solltest du ein Preisvergleichsportal starten? Nun, jeder von uns nutzt diese Portale täglich. Wenn wir vor der Entscheidung stehen uns etwas anzuschaffen, gucken wir uns erst einmal um, um den niedrigsten Preis dafür zu finden. Egal ob es nun um Flüge (SkyScanner), Reisen (Trivago) oder um alle möglichen anderen Produkte geht (guenstiger.de) – wir suchen stets nach dem günstigsten Preis. Diese Geschäftsidee stellt also eine Möglichkeit mit großen Profitmöglichkeiten dar, betrachtet man den alltäglichen Nutzen für die Besucher.

Um die Seite auf die Beine zu stellen benötigst du erneut eine Webseite, einige Affiliate Partner und eine Idee für ein gutes Marketing. Die Affiliate Partner sind hierbei die verschiedenen Shops, Airlines oder Reiseanbieter, welche ihre Produkte zu verschiedenen Preisen anbieten und stets versuchen sich gegenseitig zu unterbieten. Falls ein Besucher nun auf einen Link auf deiner Seite klickt, wird er normalerweise direkt auf das Portal des Anbieters weitergeleitet. Mit einem Cookie sieht der Affiliate Partner, ob der Kunde letztendlich gekauft hat und ob der Besucher von deiner Webseite kam. Anschließend erhältst du deine Provision. Eine mögliche Software mit Wordpress Theme dafür wäre zum Beispiel:

https://affiliatetheme.io/r/7069/

Möglich wäre es aber auch, Produkte von verschiedenen Anbietern bei schon bestehenden Portalen einzureichen. Diese müssen sich dann natürlich durch günstigere Preise, kürzere Lieferung oder bessere Ausstattung abheben. Bezahlt wird dabei eher mit dem Model: Pay-per-Klick.

►Wie viel kann ich verdienen?

Hier ist es wieder ähnlich wie bei der Coupon Website. Ein großer Vorteil ist definitiv die große, tägliche Nachfrage. Auch hier kommt es wieder besonders auf die Produkte an, welche du vertreibst. Die Preise sind beispielsweise bei Flügen höher als einem T-Shirt, weshalb auch deine Provision höher ausfallen wird. Allerdings verkauft sich ein Shirt auch leichter als ein teurer Asienflug. Diese Entscheidung liegt ganz bei dir. Allerdings besteht auch hier die realistische Möglichkeit einige tausend Euros im Monat zu verdienen.

►Wie hoch ist der Aufwand?

Bis auf den Aufbau der Website, der Suche nach den Affiliate Partnern und dem Marketing ist der Aufwand durchwachsen. Die Instandhaltung und die Pflege der

Website benötigt nicht allzu viel Arbeit und kann bei Bedarf auch an virtuelle Assistenten übertragen werden.

▶Dauer bis zu ersten Einkommen?

Abhängig für die Dauer des ersten Einkommens ist definitiv dein Marketing. Natürlich musst du auch darauf achten deine Webseite und deine Produkte in einem guten Licht zu präsentieren, doch das Marketing ist für dich zu Beginn der wichtigste Punkt. Denke immer daran die Leute aufmerksam zu machen. Du musst aus der Masse herausstechen, um mehr zu verdienen als die anderen. Sei also kreativ und präsentiere dich. Umso schneller die Menschen auf dich aufmerksam werden, umso schneller werden sie dir vertrauen und einkaufen. Du solltest allerdings schon einen bis mehrere Monate Geduld haben, denn das Vertrauen eines Besuchers gewinnt man nicht innerhalb weniger Stunden.

6. Autoritätsblogging & Affiliate Blogging

Das Autoritätsblogging kann teilweise mit einer Nischen-Seite verglichen werden. Allerdings unterscheidet sich die langfristige Absicht der beiden Webseiten deutlich. Während die Nischen-Seite primär auf das direkte Verkaufen bestimmter Produkte aus ist, geht es dem Autoritätsblog mehr um den Aufbau einer Marke beziehungsweise dem Vermitteln von Fachwissen an interessierte Leser.

Ein Autoritätsblog nimmt sich die Zeit auf seine Leser einzugehen und setzt auf hochwertigen Content und neue Informationen. Das Motto des Autoritätsblog lautet also ganz klar: Qualität statt Quantität. Auf diese Weise erwirbt sich der Fachmann – also du - das Vertrauen seiner Leser, welche anschließend gewillter sind die vorgestellten Produkte auch zu kaufen. Falls du ein Autoritätsblogger werden möchtest, solltest du gerne mit Leuten kommunizieren und dich mitteilen. Dir sollte es außerdem bestenfalls Spaß bereiten, Artikel zu schreiben und auf die Kommentare deiner Leser einzugehen. Ebenso solltest du dich im Social-Media Marketing und im E-Mail-Marketing wohlfühlen und auskennen.

Was muss ich tun? Vielleicht hast du ein bestimmtes Hobby wie zum Beispiel Autopflege oder du fährst immer mit dem Motorrad bestimmte Alpenrouten. Oder vielleicht kennst du im Renovieren besonders gut aus?

Dann wäre ein eigener Blog, auf der du deinen Lesern interessante Tipps und Inhalte vermittelst, genau das Richtige für dich. Ein Beispiel: https://dreierlei-liebelei.de/unser-neues-zuhause-meine-tipps-furs/

Mit dem Link unter dem Produkt können deine Leser dann zum Beispiel bei Amazon die nötigen Sachen fürs Renovieren einkaufen und du verdienst jedes Mal mit.

Eine weitere Variante des Bloggings:

Gastblogging

Im Gastblogging schreibst du Beiträge für andere Blogs. Allerdings bleibt das nicht unbelohnt. Da du meistens für größere und erfolgreichere Blogs schreiben wirst, erhältst du die Veröffentlichung deines Namens und deines Blogs auf der Webseite des Anbieters. Der größere Blog verlinkt dich also unter deinem Beitrag auf seiner Webseite, wodurch du viele neue Leser generieren kannst.

Hast du zusätzlich bereits einen halbwegs erfolgreichen Blog, kannst du für das Schreiben deiner Artikel Geld verlangen. Suche hierzu nach größeren Blogs in deiner Nische. Schreibe den Betreiber des Blogs an und biete ihm einen Gastbeitrag an. Im Gegensatz dazu möchtest du eine Verlinkung deines Blogs. Um von den Betreibern ernst genommen zu werden empfehle ich dir einige Beiträge mitzusenden, auf denen du deine Expertise und deinen Schreibstil unter Beweis stellen kannst.

Für den Blog eignet sich auch hier eventuell wieder: https://de.wordpress.com/

►Wie viel kann ich verdienen?

Erfolgreiche Blogger verdienen tatsächlich riesige Summen durch die Vorstellung bestimmter Produkte oder anderen Marketing-Kampagnen. Die erfolgreichsten Blogger verdienen im 6- bis 7-stelligen Bereich. Allerdings gilt es auch hier Geduld zu haben. Denn wie bei fast jedem Geschäftsmodell ist aller Anfang schwer. Lass dich also nicht beirren und bleibe am Ball. Es kann sich auszahlen. Rechne nach ein bis zwei Monaten erstmal mit zweistelligen Beträgen. Vielleicht kannst du auch jemand Bekanntes einen Gastartikel schreiben lassen, und eine Empfehlung aussprechen lassen. Das kann den Geldfluss sicher beschleunigen.

▶Wie hoch ist der Aufwand?

Der technischen Fähigkeiten, welche du für den Start eines Autoritätsblogs beherrschen solltest, sind nicht wirklich schwer. Am besten du nimmst wirklich ein Thema, bei dem es dir leicht fällt öfter einen kleinen Artikel zu schreiben. Super sind auch ein paar Fotos – da reicht dein Smartphone dazu aus- um die Leser in Bann zu ziehen. Ein Video dazu wäre natürlich perfekt. Was du auf jeden Fall mitbringen solltest sind Disziplin und Geduld. Du musst erstmal Content erstellen und dir eine Leserschaft aufbauen. Das geht auch über Facebook Gruppen oder Facebook Ads. Schau dir verschiedene Blogs an, ob das was für dich ist. Habe keine Angst vor dem Schreiben - die Leser wollen von dir persönlich authentische Berichte. Vernetze dich anfangs am besten mit anderen Bloggern, welche dir ein Sprungbrett in die Welt des Bloggings bieten können. Dazu kommt selbstverständlich das Marketing wie SEO oder Social Media.

▶Dauer bis zu ersten Einkommen?

Du solltest definitiv Geduld mitbringen. Es kann seine Zeit dauern bis die Leute auf deinen Blog stoßen und ihn regelmäßig lesen. Es kann daher also sicherlich 1-2 Monate dauern bis du deine ersten nennenswerten Beträge einnimmst. Wenn du allerdings die ersten 10 Beiträge verfasst hast, kannst du dir mit weiteren auch Zeit lassen. Also du musst nicht dauernd schreiben. Ab und zu eine Aktualisierung, vielleicht auch zu jahreszeitlichen Anlässen hält den Blog aktuell. Vielleicht testest du auch nur ein paar neue Produkte und hast damit gleich etwas zum Verlinken und Geld verdienen.

Mit jedem Klick oder Kauf kommt dann dein passives Einkommen rein.

Einkommensideen für Print-on-Demand

Was heißt Print on Demand oder POD?
POD heißt übersetzt Druck auf Nachfrage. Das bedeutet, dass du ein Produkt verkaufst, das erst produziert wird, wenn ein Käufer das Produkt gekauft und bezahlt hat.

Welche Produkte kannst du mit dieser Methode verkaufen?
Es funktioniert für Ebooks, Taschenbücher, T-Shirts, Taschen etc.

Um Lagerhaltung und hohe Kosten zu vermeiden für Produkte, von denen man nicht weiß, ob und in welcher Stückzahl sie sich verkaufen, ist diese Vorgehensweise ideal.

Dazu nehmen werde ich noch das Business des Dropshipping, bei dem ein Produkt vom Hersteller an den Endkunden erst dann versendet wird, wenn der Endkunde bei dir gekauft und gezahlt hat. Doch dazu später. Teilweise wird auch hier erst produziert, wenn der Kunde bestellt hat. Das gilt zum Beispiel für eingravierte Amulette oder Anhänger, die mit Laser in Form gefräst werden.

Woher kommen diese Geschäftsmodelle?
Zunächst führten die POD-Befürworter das Modell in der Verlagsbranche ein. Hauptziel war es, die hohen Veröffentlichungskosten zu reduzieren, die zunehmend den Kern und die Existenz mehrerer Verlagseinrichtungen bedrohen. Anstatt massiv Erstauflagen oder Massenproduktionen für große Werbeaktionen zu liefern, können diese Unternehmen nun POD-Dienste einsetzen, um Publikationen schnell zu produzieren, erst nachdem ihre Kunden eine Bestellung abgeschlossen und bezahlt haben.

In diesem Sinne haben einige traditionelle Einrichtungen die Print-on-Demand-Dienste für junge Autoren sogenannte Selfpublisher von Nischenthemen übernommen. Im Allgemeinen ist die Bereitstellung von POD-Diensten mit niedrigeren Gewinnmargen verbunden.

Bemerkenswert ist aber auch, dass sich das POD-Modell nicht mehr auf die Veröffentlichung von Büchern beschränkt. Einerseits bieten mehrere Online-Händler und Marktplätze (z.B. Zazzle, CafePress, Redbubble®, etc.) eine POD-Plattform für benutzerdefinierte Kleidungsstücke, Modeaccessoires, Kunstwerke, Geschenkartikel und eine Vielzahl anderer Produkte. Auf der anderen Seite ermöglichen spezialisierte Websites (zum Beispiel Skreened) kleinen Unternehmen die Einrichtung ihrer Online-Shops, um ihre Produkte zu präsentieren und zu verkaufen, die speziell auf die Bereitstellung von POD-Diensten ausgerichtet sind.

Das Schönste daran ist, dass auch du deine Manuskripte oder Shirts oder Produkte über die vielfältigen Plattformen von Amazon und anderen Anbietern selbst verkaufen kannst ohne ein Lager zu haben oder kostenintensiv in Vorleistung zu gehen:

- Kindle Direct Publishing (KDP) für E-Books und Taschenbücher/
- Audiobook Creation Exchange (ACX) für Hörbücher
- -Print on Demand- T-Shirts (zum Beispiel auf Merch by Amazon und auch Teezily, Spreadshirt,Redbubble etc.)
- -Dropshipping mit Hilfe von Shopify

Print on Demand (POD)-Seiten gehören zu den aufstrebenden Geschäftsdienstleistungen im Internet. POD-Seiten sind ziemlich gute Möglichkeiten, um von zu Hause aus Geld zu verdienen. POD-Services bieten klare Vorteile für dein Verlagsgeschäft. In erster Linie belasten dich keine Kosten aus Produktions- und Lagerbeständen. Du musst weder die Vorabkosten für die Massenproduktion noch den Lagerplatz bezahlen.

Abhängig davon, wie du dein POD-Modell einrichtest oder umsetzt, oder mit welcher POD-Website eines Drittanbieters du zusammenarbeitest, kannst du passive Einkommensprämien erzielen und einfach arbeiten, wann immer du die Zeit hast. In aller Regel profitierst du auch von der Auftrags- oder Bedarfserfüllung und der sofortigen Produktion. Außerdem hast du relativ wenig Kundenkontakt. Sollte es eine Rücksendung geben, funktioniert das meist auch automatisch. Lediglich beim Dropshipping bist du etwas mehr involviert.

7. Amazon-KDP – das Kindle Business

Ein eigenes Buch schreiben und veröffentlichen? Diese Idee war vor 20 Jahren noch für seriöse Autoren und Verlage reserviert. Doch durch das Internet haben sich die Zeiten immens geändert. Heute kann jeder seine Geschichte, seinen Ratgeber oder Roman an die Öffentlichkeit bringen. Wenn du also gerne schreibst dann ist dieses Business-Modell etwas für dich.

Doch auch für die Personen, denen das Schreiben nicht gerade im Blut liegt, gibt es Möglichkeiten in diesem Geschäft Fuß zu fassen. Du kannst einfach Ghostwriter engagieren, die die Bücher für dich verfassen und die du anschließend veröffentlichen kannst. Amazon KDP (Kindle-Direct-Publishing) bietet dir die Möglichkeit deine Bücher auf Amazon zum Kauf anzubieten. Amazon stellt diesen Service sowohl für EBooks als auch für Taschenbücher zur Verfügung. Hier übernimmt Amazon den Druck und versendet die Bücher für dich. Natürlich musst du deinen Gewinn mit Amazon teilen, doch dafür bist du in Windeseile ein Autor und hast einen atemberaubenden Marktplatz, auf dem du dein Buch anbieten kannst. Auch dein Cover musst du nicht selbst gestalten. Der Vorteil von diesem Geschäftsmodell ist, dass du fast alles outsourcen kannst. Du musst dich um die Vermarktung kümmern und den Gewinn mit Amazon teilen. Jeden Monat bekommst du automatisch eine Abrechnung und der Gewinn wird dann nach jeweils zwei Monaten ausgezahlt. Das heißt, du solltest natürlich die ersten zwei Monate finanziell überbrücken können.

Erstellung des Ebooks

Der erste Schritt ist gleichzeitig der Wichtigste. Um ein E-Book schreiben zu können, benötigst du zu allererst ein passendes Thema. Jedoch solltest du dir nicht einfach aus dem Bauch heraus ein Thema aussuchen, sondern eine sogenannte „Nischen -Analyse " durchführen, sprich du gehst auf die Amazon Bestsellerseiten und schaust dir an, welche Bücher/ Themen/Trends gerade gefragt sind. Dein Buch kann inhaltlich noch so toll sein, aber wenn die Nische/ das Thema nicht begehrt ist, wird es schlicht nicht gekauft.

Für die Nischenanalyse findest du auf der Bestsellerliste die 100 meistverkaufen E-Books der jeweiligen Kategorie. Am besten hältst du dich thematisch an die Sachbücher. Bei der Suche hilft dir der sogenannte Amazon Bestseller-Rang. Er sagt aus, wie gut sich ein E-Book auf Amazon verkauft. Je niedriger die Zahl, desto höher die Verkaufszahlen. Um eine Orientierung zu haben: Der Bestseller-Rang 10.000 sagt dir in etwa, dass dieses E-Book monatlich ca. 50-100€ pro Monat abwirft.

(Kindleshop - Kindle Ebooks – Bestseller und dann zum Beispiel auf die Nische: „Kochen und Genießen ", Unternische zum Beispiel: „Diäten ") Wenn dich dann etwas auf den vorderen Plätzen interessiert wie zum Beispiel: „Intervallfasten " gibst du das Thema in die Amazonsuchleiste ein. In diesem Fall siehst du, es gibt etwa 650 Ebooks zu dem Thema. Das ist etwas viel. Du kannst nun die Nische herunterbrechen mit: "Intervallfasten für Anfänger " Schon sind es nur noch 280 Bücher. (Stand Ende 2019)

So führst du die Suche durch. Wenn du nun eine profitable Nische mit einem guten Keyword (wäre in dem Fall zum Beispiel auch: „Intervallfasten für Anfänger in der Nische: "Diäten ") dem Fall gefunden hast, musst du noch auf deine Konkurrenz achten. Gibt es viele Bücher in dieser Nische und welchen Bestsellerrang hat deine potentielle Konkurrenz? Die Anzahl der Konkurrenzbücher zum gleichen Thema sollte die Anzahl 600 besser die Anzahl 250 nicht überschreiten.
Nun kommst du zur Erstellung von Text und Cover:

Beides kannst du natürlich selber erstellen, davon rate ich dir aber ab. Suche lieber über Seiten wie fivver.com oder machdudas.de nach Fachleuten, die für dich schreiben und Cover erstellen. Einen Designer für ein Buchcover kannst du bereits für 10 bis 20 Euro finden. Für die Erstellung deines E-Book Textes solltest du zwischen 100 und 400 Euro einplanen.
Gute Ghostwriter findest du auch auf z.B. auf fiverr.com, die Preise variieren hier und liegen pro Wort zwischen ein und drei Cent. Wobei man hier nicht pauschal sagen kann, dass ein Ghostwriter, der drei Cent nimmt, bessere Arbeit leistet als einer, der für einen Cent arbeitet. Lass

dir in jedem Fall eine Textprobe vorab senden. Teste hier einfach mehrere aus und entscheide dich dann später für einen bzw. mehrere, mit denen du in Zukunft arbeiten möchtest.

Wieviel Wörter sollte ein gutes Buch haben? Je nach Thema würde ich dir raten, mindestens 10.000 bis 15.000 Wörter einzuplanen. Früher war es möglich mit Büchern, die nur 5000 bis 7000 Wörter lang waren, Erfolg zu haben, jedoch heute ist die Konkurrenz zu groß und du wirst dich langfristig nur mit besserer Qualität durchsetzen.

Um ein ansprechendes Cover zu erstellen, musst du dir vorab den Titel überlegen. Wichtig sind nun die Keywords. Versuche ein bis zwei Haupt Keywords im Titel unterzubringen und einen Titel zu formulieren, der das Problem deines zukünftigen Lesers lösen kann.

Zum Beispiel: „Wie Anfänger mit Intervallfasten kinderleicht an Gewicht verlieren " Ganz wichtig ist die Gestaltung und die Grafik oder das eingesetzte Foto. Nimm dir dafür viel Zeit und begutachte erfolgreiche Cover deiner Mitbewerber.

Auch benötigst du einen prägnanten Autorennamen für dein Buch und ein Impressum im Innenteil. Du kannst als Autor deinen eigenen Namen wählen oder ein Pseudonym. Beides hat Vor-und Nachteile.

Wenn du dir eine Marke aufbauen möchtest mit vielen Büchern zum selben Thema, wäre der gleiche Autorenname sinnvoll. Falls du jedoch in unterschiedlichen Bereichen Bücher veröffentlichen möchtest, sind mehrere Pseudonyme von Vorteil. Damit kannst du als Fachmann für diverse Fachgebiete gelten.

Nachdem du den Text und das Cover erstellt hast, ist es Zeit dein E-Book zu veröffentlichen. Du kannst dein Ebook selbst formatieren, wozu auch die erste Seite mit Titel, Autorenname und Copyrightvermerk gehört, sowie auf den folgenden Seiten ein Inhaltsverzeichnis und hinten das Impressum.

Das ist im Word leicht zu erstellen, auf den Amazon Kindle Seiten nachzulesen oder du lagerst es auch wieder an Freelancer aus. Vielleicht kann dir auch dein Autor alles schon fix und fertig liefern.

Der nächste Schritt, wenn du mit deinem E-Book Geld verdienen willst, ist die Anmeldung bei kdp.amazon.com. Es gibt weitere Anbieter für den Ebook Vertrieb, Amazon ist jedoch mit Abstand der lukrativste.

Kdp steht für Kindle Direct Publishing und ist die Self-Publishing-Plattform von Amazon. Nachdem du deinen Account erstellt hast, wählst du: „Neuen Titel erstellen " und füllst dann Schritt für Schritt die Felder aus.

Wichtig sind noch die Beschreibung und die Keywords. Es gibt sieben Keywords. Du musst dir genau überlegen, wonach deine Zielgruppe suchen könnte, wenn sie dein Buch finden soll. Fülle immer alle sieben Keywords aus. Ein Keyword bedeutet nicht nur ein Wort, es können auch 2- 3 Wörter dastehen. Zum Beispiel: „Erfolgreich abnehmen " Das nennt man Longtail Keyword.

Die Beschreibung ist das, was den Leser ansprechen soll, aufgrund dessen er kaufen soll, also gebe dir viel Mühe mit dem Verkaufstext und stelle alle Vorteile, die der Leser beim Kauf deines Buches hat ins Licht. Für die Beschreibung gibt es Programme im Internet, mit denen du Word in html umwandeln kannst. Wichtig sind da gute Formatierungen, dass der Text ansprechend aussieht. Auch Amazon hat eine gute Anleitung auf der Hilfeseite.

Auf der zweiten Seite musst du das Manuskript und das Cover hochladen. Auf der dritten Seite kannst du oben an KDP Select teilnehmen, die Plattform bestimmen (amazon.de) und dann weiter unten den Preis eintragen. Du startest am besten mit 99 Cent und gehst dann auf „Veröffentlichen ".

Nachdem du dein E-Book erfolgreich hochgeladen hast, und Amazon die Veröffentlichung abgesegnet hat, checke nochmal auf der Produktseite, ob alles korrekt geschrieben ist und soweit stimmt. Korrekturen sind am Ebook jederzeit möglich.

Nun musst du es vermarkten. Wenn du diesen Schritt nicht richtig machst, werden die Leute dein E-Book auf Amazon schlichtweg nicht finden! Das heißt, es ist wirklich wichtig, dass du nach der Veröffentlichung dein E-Book richtig vermarktest und promotest, damit dein E-Book auch für die richtigen Keywords rankt.

Hier kommt nun auch deine Anmeldung bei KDP Select ins Spiel. Das ist ein Werbeprogramm von Amazon. Dies ermöglicht dir, dein E-Book für fünf Tage kostenlos zu promoten. Dadurch verbesserst du dein Ranking, du erzielst mehr Downloads und dadurch verbessert sich auch dein Amazon Bestseller Rang.

Während der Aktion ist es wichtig, dass du so viele Downloads wie möglich generierst. Je mehr Verkäufe du im Aktionszeitraum generierst, desto höher steigst du in der Bestseller Rangliste auf und desto besser rankt dein E-Book anschließend.
Um deinen Profit weiter steigern zu können, kannst du aus deinem E-Book ein physisches Taschenbuch machen und es veröffentlichen. Also ein richtiges Buch, das man anfassen kann. Eventuell fragst du deinen Freelancer-Autor und Coverdesigner gleich danach. Das Schöne dabei ist, dass du dich nicht um Druck und Versand kümmern musst, da Amazon, das für dich übernimmt.

Dein Ebook sollte qualitativ gut sein, sprich es sollten keine Rechtschreibfehler drin sein, es sollte dem Leser einen Mehrwert bieten und flüssig geschrieben sein.

Zudem ist es wichtig, dass das Buch zur Beschreibung passt, denn sind deine Leser nicht zufrieden sein mit der Qualität deines Buches, so kann es passieren, dass diese dem Buch eine schlechte Bewertung da lassen, und das wiederrum kann zur Folge haben, dass dein Buch im Bestsellerrang abstürzt.

Langfristig erfolgreich wirst du in diesem Business nur, wenn du gute Bücher schreibst. Denn mit einem guten qualitätsvollen Buch kannst du monatelang bzw. jahrelang von dessen Einnahmen komplett passiv profitieren. Ist dieses Business für Anfänger geeignet? Ja, definitiv ja!

Das Business ist gerade für Anfänger sehr gut geeignet, da es sehr geringe Einstiegshürden gibt. So ist es möglich bereits mit 100-300€ Eigeninvestition zu starten.

Trotzdem gibt es bei diesem Business Modell einige Dinge, die gerade Anfänger falsch machen. Hierzu zählen z.B. die Keyword Analyse. Oder das Cover Design. Man sollte sich erst einmal mit der Materie vertraut machen. Es gibt viele gute Videokurse zu diesem Thema. Ich konnte direkt im ersten Monat knapp 150 € passive Einnahmen (Tendenz deutlich steigend bis 5000 Euro) erwirtschaften.

Das Marketing für dein E-Book
Du hast dein E-Book erfolgreich hochgeladen? Glückwunsch! Aber jetzt geht es ans Marketing, dem für uns wichtigsten Teils vom E-Book Business.

Unser Ziel ist es möglichst „passiv " von den Einnahmen aus unserem Buch zu profitieren, dies ist auch möglich. Wir müssen jedoch erst einmal den „Prozess " ankurbeln. Was das bedeutet? Dazu kommen wir jetzt!

Gerade Anfänger neigen dazu, ein Buch zu veröffentlichen und dann einfach zu warten. In der Regel wird dann nicht viel passieren. Denn es gibt Millionen von Büchern auf Amazon und täglich werden weitere veröffentlicht, auch in deiner gewählten Nische.

Du musst dich also von den anderen abheben. Das kannst du nur durch ein gutes Marketing machen.

Dein Ebook sollte möglichst auf einen Bestseller-Rang von unter 10.000 gebracht werden, nur so wird es dir Woche für Woche und Monat für Monat gute Gewinne einbringen. Noch mehr verdienst du dann mit dem Taschenbuch. Zudem sollte dein Buch möglichst auf die erste Seite des Keywords gepusht werden, am besten sogar unter die ersten 1-4 Ränge der ersten Seite.

Dir stehen hierzu verschiedene Tools zur Verfügung. Eines dieser Tools bzw. Möglichkeiten ist KDP Select.

KDP Select

Wenn du dein Buch bei KDP Select anmeldest, verpflichtest du dich dazu, dein Buch ausschließlich bei Amazon zu veröffentlichen. Du darfst es also nicht auf anderen Plattformen zum Kauf anbieten. Das ist natürlich erst einmal ein Nachteil. Doch jetzt kommen wir zu den Vorteilen!

Wenn dein Buch bei KDP angemeldet ist, dann kannst du dein Buch jedes Quartal für fünf Tage kostenlos zum Kauf anbieten. In diesen fünf Tagen wird dein Buch dann im besten Fall oft heruntergeladen. Einen kostenlosen Download wertet Amazon fast wie einen Kauf. Es hilft dir also im Amazon Ranking weiter.

Zudem kannst du diese kostenlose Phase nutzen um dir Rezensionen (Bewertungen) einzuholen. Hier rate ich dir dein Buch interessierten Freunden und Bekannten zu empfehlen, diese können es sich dann kostenlos durchlesen und wenn sie möchten bewerten. Zudem teile ich meine Bücher in Facebook Gruppen. Personen, die mit deinem Buch zufrieden sind, werden es auch gut bewerten.

Wichtig: Generell sind Rezensionen sehr wichtig, sie sollten aber organisch, das heißt natürlich kommen und in keinem Fall gekauft werden. Das ist verboten. Auch sollte es niemand bewerten, der den gleichen Internetanschluss wie du nutzt.

Marketing deines Buches mit Facebook Ads

Nachdem dein Buch für einige Tage kostenlos zum Download verfügbar war, ist es jetzt Zeit für Facebook Ads. Profitable Werbung auf Facebook zu schalten ist ein Thema für sich! Trotzdem gehe ich hier auf die wichtigsten Sachen ein! Bevor du einfach drauf loslegst und eine Anzeige schaltest, musst du deine Zielgruppe definieren. Dabei hilft dir das „Insights " Tools von Facebook.

Hier kannst du eine Zielgruppe eingrenzen und siehst sofort viele Merkmale dieser Zielgruppe. Wenn du bei „Interessen " zum Beispiel das Thema „Aktien " eingibst, wird dir Facebook sofort sagen, dass Personen mit eher hoher Schulbildung sich für das Thema interessieren, oder dass Personen im Alter von 14-18 überhaupt kein Interesse an dieses Thema haben.
So kannst du Schritt für Schritt deine persönliche Zielgruppe anpassen und vermeidest Streuverluste.

Deine Zielgruppe sollte immer zwischen 70.000-150.000 Personen umfassen, natürlich sind das alles nur Richtwerte, mit denen ich sehr gute Erfahrungen gemacht habe. Das Schöne an Facebook-Ads: Du kannst schon mit einem kleinen Budget anfangen. Hier kannst du dir tägliche Limits von 2-5 € am Tag einrichten (Das wäre für Anfänger meine Empfehlung). Du solltest dabei die Anzeige immer im Auge haben und wenn sie nicht gut läuft gegebenenfalls neu ausrichten. Rechne dir auch aus, wieviel dir nach Abzug der Werbekosten bleibt. Manchmal macht man mit den Anzeigen nicht viel Gewinn, aber durch vermehrte Käufe wird der Bestsellerrang gepusht und dadurch kommen mehr organische Käufe rein. Das hält dein Buch langfristig auf den vorderen Plätzen.

Du kannst aber auch dein Buch komplett ohne Geld auf Facebook bewerben.

Buch kostenlos auf Facebook Bewerben

Du hast einige Möglichkeiten, dein Buch auf Facebook komplett kostenlos zu bewerben.

Die Insights-Analyse (Zielgruppen-Analyse) solltest du aber bitte für diesen Schritt trotzdem durchführen, diese ist ja auch komplett kostenlos. Wenn du jetzt deine Zielgruppe kennst, kannst du bei Facebook nach Gruppen suchen, die sich für dein Thema interessieren.

Dein Buch ist über Yoga und Meditation? Kein Problem, es gibt in Facebook für eigentlich jede Zielgruppe eine oder mehrere Gruppen, die sich mit dem Thema beschäftigen. Im besten Fall trittst du schon vorher den Gruppen bei, noch bevor dein Buch endgültig fertig ist. So wirkt es für die Gruppen-Mitglieder nicht als Spam. Wenn jemand neues in eine Gruppe eintritt und sofort als erste Handlung einen Link postet, fühlen sich viele Nutzer davon genervt und könnten deinen Beitrag melden.

Beachte auch, dass dein Post nicht direkt als Werbung zu erkennen ist, verpacke es in einem schönen Mantel. Z.B. kannst du deinen Link mit einer für die Gruppe interessanten Passage aus deinem Buch posten und das Ganze mit einer Frage verknüpfen, oder du stellst sofort eine Frage und gehst dabei auf den Inhalt von deinem Buch ein. Probiere einfach aus, was bei den Leuten in der Gruppe angenommen wird. Wie bei den Methoden zuvor, wirst du nach und nach ein Gefühl dafür entwickeln, was gut ankommt und was nicht. Neben den Facebook-Gruppen gibt es auch Facebook-Seiten; hier kannst du nicht selber posten, dies können nur die Seitenbetreiber.

Du kannst zwei Möglichkeiten angehen:
1. Du schreibst dem Seitenbetreiber eine Nachricht und bittest ihn, den Link zu deinem Buch zu posten, dafür erhält er zum Beispiel Dein Buch kostenlos.

2. Oder aber du postest deinen Link unter seinen Beiträgen auf der Seite. Aber auch hier gilt, dass dein Post nicht als Spam wahrgenommen werden sollte. Ansonsten kann der Seitenbetreiber deinen Link löschen und dich sperren.

Diese Möglichkeiten würde ich definitiv nutzen, um dein Buch auf Facebook zu bewerben. Wichtig ist, dass du im Vorfeld deine Zielgruppe klar definierst.

Werbung auf Instagram
Neben Instagram solltest du dein Buch auch auf Instagram bewerben. Hierzu kannst du entweder genauso wie auf Facebook kostenpflichtige Werbeanzeigen schalten, oder du nutzt gleich meine Tipps damit du auch komplett kostenlos an Traffic kommst. In jedem Fall solltest du dir als allererstes ein Profil für dein Buch erstellen.

In der sogenannten „Bio “ also deiner Profilbeschreibung packst du dann den Link zu deinem Buch. Wichtig ist, dass du deinen Amazon-Link vorher kürzt, ansonsten ist er viel zu lang und Instagram akzeptiert ihn nicht. Zum Kürzen gibt es viele kostenlose Tools wie z.B. bitly.

Nachdem du dein Profil angelegt hast und deinen Link hinterlegt hast, kannst du erst einmal 1-2 Bilder mit einem kurzen Text posten. Die Bilder sollten selbstverständlich zu deinem Buchthema passen.
Verweise in jedem Post auf dein Buch, welches die Leute in deiner „Bio “ finden können. Danach gehst du in die Instagram-Suche und suchst nach Profilen, die zu deinem Thema passen. Genauso wie auf Facebook wirst du auch hier eigentlich für jede Nische eine passende Seite (bzw. Profil) finden.

Wenn dein Buch etwa von Hypnose handelt, dann suche nach Profilen, die sich damit beschäftigen. Klicke dann auf deren Beiträge und schreibe einen kurzen Satz wie z.B. „Tolles Profil, wenn ihr mehr zum Thema Hypnose wissen wollt, dann schaut doch auch mal bei mir vorbei “. Es klingt banal, aber das reicht auch schon fürs Erste. Du kannst auch Personen folgen, die das Profil auf dem du gerade bist abonniert haben; diese sehen dann, dass du ihnen folgst und klicken in der Regel dann auch auf dein Profil. Im besten Fall folgen sie dir auch zurück.

Instagram würde ich an deiner Stelle unbedingt nutzen, hier hast du wirklich viele Möglichkeiten, um kostenlos an Traffic zu kommen. Wenn du bereit bist, Geld für deinen Traffic auszugeben, kannst du auch über Amazon AMS Werbung schalten. Dann erscheint dein Buch beispielsweise als gesponsertes Produkt auf Amazon.de

Amazon ändert für AMS oft die Regeln, deswegen schaue dich am besten auf der Amazonseite nach dem neuesten Stand um.

Hier noch ein Link für einen guten detaillierten Kurs:
bit.ly/2Bz9CuM

►Wie viel kann ich verdienen?
Du wirst sicher zweistellig starten. Je nachdem, wie viele Ebooks und Taschenbücher du veröffentlichst, so wirkt sich das auch auf dein Einkommen aus.

Generell ist es möglich, monatlich mehrere Tausend Euro verdienen. Allerdings bietet sich hier ein besonderer Vorteil: Du musst keine Investitionen tätigen. Falls du nichts ausgeben willst, kannst du einfach alles selbst machen. Du kannst dein Buch schreiben, die Formatierung vornehmen und das Cover gestalten. Das ist bereits alles, was du brauchst. Wenn du nun noch gutes Marketing betreibst, hast du sehr profitable Einnahmechancen.

►Wie hoch ist der Aufwand?
Das liegt an dir. Wenn du ein wenig Geld investieren kannst, ist der Aufwand sehr gering. Möchtest du allerdings kein Geld ausgeben, kann durchaus etwas Arbeit auf dich warten. Wenn du etwas Geld ausgeben möchtest, suche einfach auf Fiverr oder Upwork nach Ghostwritern und Cover Designern. Diese Freelancer sind meistens günstig und übernehmen deine ganze Arbeit. Rechne bei deinem ersten Ebook mit etwa drei bis vier Wochen bis zur Veröffentlichung.

►Dauer bis zu ersten Einkommen?
Du verdienst, sobald dein erstes Buch online ist. Es kommt ganz selten vor, dass es gar keine Einnahmen gibt, denn du verdienst auch an den gelesenen Seiten. Und zumindest in der Promophase werden etliche dein Buch kostenlos herunterladen. Alle anderen Einkünfte hängen von der Wahl der richtigen Nische, den Keywords, dem Cover und der Vermarktung ab.

8.Bedrucken von T-Shirts,Taschen,Tassen etc.

Hatten wir nicht alle schon einmal die Idee unsere eigenen T-Shirts zu gestalten? Ich bin mir ziemlich sicher, dass ich hier nicht allein dastehe. Diese Idee muss dank der Digitalisierung und dem Print-on-Demand Service nicht länger nur eine Idee bleiben. Jeder kann heute in nur wenigen Minuten sein eigenes T-Shirt gestalten oder sogar ein ganzes Business starten. Dazu benötigst du weder T-Shirts noch ein riesiges Lagerhaus. Bei vielen Anbietern kannst du außerdem Handyhüllen, Kissen, Tragetaschen, Tassen oder Leggins bedrucken lassen.
Deine fantastischen T-Shirt-Designs brauchen einen Ort, an dem sie sich zu Hause fühlen können. Es gibt Unmengen von E-Commerce-Lösungen, so dass du dir etwas Zeit nehmen solltest, um sie zu überprüfen und herauszufinden, welche deine Bedürfnisse am besten erfüllen.

Ein paar Dinge, die du in Betracht ziehen solltest:

- Monatliche Kosten
- Transaktionsgebühren
- Benutzerfreundlichkeit
- Einfache Anpassung an Kundenwünsche

- Andere Plattformen, mit denen es sich gut integrieren lässt (E-Mail-Dienstleister, Buchhaltungssoftware usw.)

Die bekanntesten kostenlosen Anbieter:
Teezily
Redbubble
Merch by Amazon
Shirty
Printful
Wenn du einen eigenen Shop präferierst, den du an viele Plattformen anbinden kannst, empfehle ich

Shopify:
Shopify integriert sich in nahezu jede andere verfügbare Plattform und bietet zahlreiche nützliche Funktionen. Die „Kaufen "-Schaltfläche ist sehr hilfreich. Du kannst sie verwenden, um Schaltflächen und Links zu erstellen, um deine Produkte direkt von deiner Haupt-Website oder deinem Blog aus zu verkaufen.

Es genügt aber für den Anfang oder zum Testen auch, deine Shirts nur in das Angebot der vorhandenen Plattformen zu integrieren. Sobald du dich für eine Plattform entschieden hast, musst du einige Anpassungen vornehmen, um sie zu deiner eigenen zu machen. Selbst

wenn du kein Designprofi bist, solltest du das Minimum tun und dein Logo hochladen und die Farben an, die deiner Marke anpassen.
Und wie funktioniert das jetzt genau?
Wie auch bei vielen vorherigen Businessideen:

Die richtige Nische ist King!
Du musst zuallererst auf Nischensuche gehen. Das kannst du beim T-Shirtbusiness auch durch Sichten der Konkurrenz. Wer liegt vorne, was wird gekauft, welches Design hat die meisten Bewertungen? Zum Beispiel auf Amazon kann man das gut testen. Im Netz kannst du auch nach Trends schauen, zum Beispiel auf Pinterest oder einfach mal eingeben Modetrends 2020/ 2021. Auch gute Sprüche oder jahreszeitliche Motive werden gerne gekauft. Einfach ein bisschen stöbern und dann heißt es wieder testen.

Wenn du selbst kreativ sein willst, kannst du in einem Grafikprogramm selbst Shirtmotive entwerfen. Oft sieht es aber besser aus, wenn man das einem Profi überlässt, den man auch zum Beispiel auf Fiverr.com findet.

Ein Shirtdesign, dass später auch auf Sweatshirts, Tassen, Taschen etc. gedruckt werden kann, kostet ab fünf Euro auf Fiverr. Ich würde aber dazu raten, nicht den günstigsten Anbieter zu nehmen, sondern jemand mit viel Erfahrung. Man kann sich auf Fiverr auch sehr gut bereits erstellte Shirts ansehen.

Wenn du nun etwa zehn gute Motive beisammenhast, kannst du dich bei den oben genannten Plattformen registrieren. Allein für Merch by Amazon musst du dich extra bewerben und es kann mehrere Ablehnungen geben, bevor du angenommen wirst. Einfach immer wieder versuchen. Dafür scheint diese Plattform auch die lukrativste zu sein.

Wie der Upload Vorgang bei den einzelnen Portalen von statten geht, wird dort gut erklärt. Bei jedem Motiv, das du hochlädst, kannst du selbst bestimmen, auf welchen Produkten es angeboten werden soll. Du kannst auch Farbvarianten hochladen. Auch hier musst du bei den einzelnen Produkten Keywords hinzufügen, sonst werden sie nicht gefunden.

Um Geld zu verdienen, brauchst du jedoch einige Hundert, wenn nicht tausend Motive. Das hört sich jetzt viel an, jedoch muss es ja nicht auf einmal erfolgen.

Für das direkte Hochladen auf die Vermarktungsplattformen benötigst du keinen eigenen Shop. Somit ist das die einfachste, kostengünstigste und zeitsparendste Methode.

Vermarktung:
Die Vermarktung erfolgt am besten durch Facebook Ads und eine eigene Facebookseite und Instagram. Wenn du einen eigenen Shop hast, kannst du auch Google Ads schalten.
Empfehlung: Der Kurs Teemoney von Daniel Gaiswinkler

Leitgedanke:
Ähnlich wie bei E-Commerce-Lösungen gibt es viele Möglichkeiten zur Auswahl verschiedener Fulfillment-Unternehmen. Probiere es aus, welche Plattform dir am meisten zusagt. Falls du selbst designst, kannst du das Business auch kostenlos starten.

►Wie viel kann ich verdienen?
Deine Einkommensmöglichkeiten sind hier sehr hoch, es dauert jedoch, bis du raushast, welche Shirts sich gut verkaufen. Am Anfang kann eine längere Durststrecke bestehen. Du kannst die T-Shirts weltweit vertreiben, wodurch sich eine beeindruckende Kundschaft bietet. Mit richtigem Marketing und guten Produkten kannst du hier einfach 3-,4- oder sogar 5- und 6-stellig verdienen.

►Wie hoch ist der Aufwand?
Der Aufwand liegt auch hier hauptsächlich bei der Kreation deiner Designs. Weiterhin solltest du deinen Shop richtig gestalten, um Besucher nicht abzuschrecken und sie vom Kaufen abzuhalten. Auch das Branding solltest du nicht unterschätzen. Menschen kaufen deutlich lieber bei einer Marke oder einem Unternehmen mit Marke, als von einem gesichtslosen Unternehmen. Das Branding vermittelt Vertrauen bringt deine Besucher dazu letztendlich auch zu kaufen.

►Dauer bis zu ersten Einkommen?
Normalerweise einige Wochen. Bei manchen geht es sogar schneller, bei manchen dauert es etwas länger. Fakt ist, dass du nach einem gescheiterten Produkt oder Design nicht aufgeben solltest. Nur die allerwenigsten haben mit ihrem ersten Produkt Erfolg. Wenn du am Ball bleibst und die Tipps befolgst, solltest du früher oder später gutes Geld mit diesem Geschäftsmodell verdienen können.

9.Dropshipping mit Shopify

Dropshipping ist eines der einfachsten Geschäftsmodelle, mit denen du ohne großes Invest Geld verdienen kannst.

Die Zeiten, in denen man im Laden um die Ecke gekauft hat, sind vorbei. Heute werden die meisten Konsumgüter online gekauft. Die Käufer empfinden es als bequemer von der Couch aus einzukaufen, als in die überfüllte Innenstadt zu müssen. Doch nicht nur für Konsumenten bringt dieser Wandel unglaubliche Vorteile mit sich. Auch Geschäftsleute können von diesem Wandel profitieren. Besonders das Dropshipping brachte eine revolutionäre Idee mit sich.

Die Verkäufer können einen Online-Shop ohne Lagerhaltung präsentieren und vermarkten dabei Produkte von Drittanbietern. Wenn eine Bestellung eintrifft, gibt der Verkäufer dem Drittanbieter Bescheid und gibt ihm die Adresse des Kunden. Der Verkäufer agiert sozusagen als Mittelsmann und hält das Produkt selbst nicht in den Händen. Der Vorteil hier ergibt sich durch Drittanbieter in China und anderen Ländern, in denen die Produkte günstig hergestellt werden. So kann man selbst einen deutlich höheren Preis verlangen, als den, den man anschließend bei dem Drittanbieter zahlt. Besonders beliebt sind hier Shopify in Kombination mit Aliexpress.

Shopify ist eine E-Commerce Plattform, auf der du deinen Online-Shop schnell einrichten kannst. Aliexpress bietet unzählige Millionen Produkte chinesischer Händler an, welche als Dropshipping Produkte in deinem Shop angeboten werden können. Shopify und Aliexpress lassen sich einwandfrei kombinieren, weshalb diese Kombination so viel Aufmerksamkeit und Begeisterung erfährt.

Der Großteil deiner Arbeit besteht im Allgemeinen aus Marketing, Auftragsabwicklung, Wartung und Kundendienst. Allerdings kannst du jeden dieser Arbeitsbereiche ebenfalls outsourcen.

Für dich bedeutet Dropshipping nun, dass du dir ein oder mehrere Produkte bei einem Hersteller- meist in China – aussuchst und diese dann in einem kleinen Webshop in unserem Fall mit Shopify zum Verkauf anbietest. Für Anfänger empfiehlt sich ein One-Product-Shop.

Wenn der Käufer dein Produkt kauft, löst er damit den Verkauf beim ausländischen Händler aus. Du bezahlst das Produkt beim Händler und dieser versendet es an deinen Endkunden in einem neutralen Paket. Das dauert mit e-Packet etwa 10 bis 14 Tage im Normalfall.

Über https://www.oberlo.de/ gibt es eine automatische Auftragsabwicklung. Oberlo kann eng mit Shopify zusammenarbeiten und erspart dir viel Zeit und Arbeit.
Die Einrichtung eines Shops mit Shopify ist denkbar einfach und wird man wird nach Registrierung durch den Aufbau geführt. Du hast eine kostenlose 14 Tage Testversion und kannst danach entscheiden, ob dir das System zusagt.

Es gibt unterschiedliche Templates zur Auswahl. Ich empfehle am Anfang einen ganz einfachen Shop mit nur einem Produkt zu generieren. Eventuell kannst Du noch ein oder zwei Upsellprodukte dazu nehmen. Was das heißt? Wenn du zum Beispiel als Hauptprodukt einen Luftbefeuchter anbietest, wäre ein Upsellprodukt ein Duftöl oder vielleicht ein Wasserfilter, sollte der Luftbefeuchter nur mit wenig kalkhaltigem Wasser betrieben werden.

Wenn du merkst, dass alles gut läuft, kannst du den Shop immer noch erweitern.

Wichtig ist ein prägnanter Name für den Shop – möglichst so, dass der zukünftige Kunde gleich weiß, um was es geht. Prüfe, ob die Domain dazu noch frei ist und registriere sie.

Genauso essentiell sind die Farben und das Startbild. Überlege immer, was der Zielgruppe, deinen Kunden gefallen könnte und nicht unbedingt dir. Wenn du zum Beispiel Freunde und Verwandte nach ihrer Meinung fragst, muss das nicht unbedingt Sinn machen, wenn diese dein Produkt nie kaufen würden. Man sagt: Der Köder muss dem Fisch schmecken und nicht dem Angler!

Schau dir erfolgreiche Shops mit ähnlichen Produkten an und versuche, deinen Shop ähnlich aufzubauen.

Nun stellt sich die Frage nach einem geeigneten Produkt. Ob du gleich genau das richtige, durchschlagende Produkt findest kann ich dir nicht garantieren. Wichtig ist, den ersten Shop aufzubauen und ein Gefühl für den gesamten Ablauf zu bekommen. Dafür gehst du auf die Plattform von aliexpress.com.
Wenn du dich auf der Plattform von Aliexpress.com umschaust, fühlst du dich von dem Warenangebot wahrscheinlich erstmal völlig erschlagen.

Wie findest du nun dein erfolgreiches Produkt?
Da wären wir wieder dabei, eine gute Nische zu finden. Vielleicht hast du selbst ein Hobby oder kennst eine Zielgruppe, die immer auf der Suche nach einem bestimmten Produkt ist? Du könntest deine Erfahrung und deine Kenntnisse dir zunutze machen.
Gute Bereiche sind zum Beispiel:
Haushalt, Gesundheit, Smartphones und Haustiere.
Du brauchst ein Produkt, das im preislichen Bereich von bis zu 10 Euro liegt, aber für bis zu 39 Euro auf dem deutschen Markt verkäuflich ist, das in irgendeiner Form eine Neuerung ist, das nicht gegen gesetzliche Bestimmungen verstößt und für das nicht schon zu viele andere Dropshipper werben und ganz wichtig: Das schon viele Verkäufe/ Bestellungen hat.

Suche dir nun links unter den Sparten einen Bereich aus und klicke darauf. Es öffnet sich nun ein Fenster mit zum Beispiel: „alles von Heim und Garten ". Nun kannst du in dieser Nische noch spezieller werden zum Beispiel Haushaltswaren. Dann klickst du bei „sortieren nach " auf Bestellungen. So kommt das beliebteste/ meist verkaufte Produkt nach oben. Es gibt Produkte, die sich schon mehrere zehntausend Mal verkauft haben.

Wichtig ist auch noch, dass dein Produkt mit E Packet versandt werden kann und nicht zu zerbrechlich ist. Deine Kunden sollen ja nicht unendlich lange auf ihre Bestellung warten müssen. E Packet ist meist grün unterlegt.

Jetzt kommt es noch darauf an, in welcher Jahreszeit du den Shop startest. Im Winter benötigt man sicher keine Utensilien zur Autopflege, sondern eher Eiskratzer. Sachen für den Grill braucht man eher im Sommer, bedruckte Kuscheldecken im Winter. Es gibt aber auch viele Produkte, die jahreszeitlich neutral sind.

Du möchtest die Retourenanzahl möglichst geringhalten? Wähle also keine Produkte, die während des Transports leicht kaputt gehen können oder (Kleidung) nicht passen können oder einen anderen möglichen Rücksendegrund haben könnten. Der Vorteil von Dropshipping ist ja gerade die fehlende Lagerhaltung und du möchtest vermeiden, dir ein Rücksendelager zuhause einrichten zu müssen.

Wenn du dir zwei bis drei interessante Produkte ausgesucht hast, musst du noch die Beliebtheit und die Konkurrenz testen. Da du ja nur Einzelprodukte kaufst, kannst du eventuell nicht im Preiskampf mit Mitbewerbern, die einen größeren Absatz haben, mithalten. Suche dir daher ein Nischenprodukt, das noch nicht so bekannt oder neu auf dem Markt ist. Gib deine Ergebnisse mal bei Amazon oder in Google ein und schau dir an, wie viele Mitbewerber es gibt und zu welchem Preis die ausgesuchten Produkte angeboten werden. Kannst du da preislich mithalten oder eventuell den Preis noch unterbieten? Bleibt genug Marge übrig?

Den Preis siehst du auf Aliexpress, wenn du den Angebotspreis und den Versand mit E Packet addierst. Vielleicht gibt es auch noch einen günstigeren Anbieter?

Wenn alles passt, kannst Du den Artikel in deinem Shop einfügen. Meist ist es möglich Bilder und Verkaufsvideos zu übernehmen. Zu empfehlen ist jedoch unbedingt, dass du ein oder zwei Produkte selbst bestellst, um die Versandzeit zu kontrollieren und die Qualität der Produkte.

Eine hilfreiche Software ist das oben erwähnte Oberlo.de. Mit Oberlo hast du den Vorteil, dass du den Umsatz deiner gewählten Produkte mit wenigen Klicks checken kannst, direkt Produkte von Aliexpress in deinen Shop integrieren kannst und Bestellungen verfolgen kannst und vieles mehr. In der Starterversion ist Oberlo zudem kostenlos.

Wenn du deinen Shop fertiggestellt hast, geht es an die Vermarktung. Die Vermarktung erfolgt wie bei dem Affiliatebusiness über Facebook Ads und Google Ads. Ein Verkaufsvideo ist von Vorteil. Du möchtest dich ja von der Konkurrenz abheben. Wenn du andere Bilder oder Videos verwendest, kannst du mehr Kunden auf dich aufmerksam machen. Ein gutes Videotool, das ich auch oft nutze, ist Lumen5. Es ist kostenlos in der Basisversion.

►Wie viel kann ich verdienen?

Du kannst wie bei den anderen Modellen auch zwei bis fünfstellig verdienen. Ob dein erstes Produkt allerdings ein Verkaufsschlager wird, wird sich zeigen.

►Wie hoch ist der Aufwand?

Der Aufwand besteht aus der Erstellung der Verkaufsseite mit Shopify, dem Monatsbeitrag für die Shopify Software. Registrierung einer Domain, eventuell Fotos für den Shop. Zudem zumindest den Kauf einer oder zwei Exemplare zum Testen und eventuell die Erstellung eines Verkaufsvideos. Kosten für Facebook Ads fallen auch an.

Trotzdem hält sich alles im Rahmen und müsste mit 100 bis 150 Euro im ersten Monat abgedeckt sein.

▶Dauer bis zu ersten Einkommen?

Wenn der Shop steht und die Facebook Ads anlaufen, kannst du nach ein paar Tagen theoretisch erste Verkäufe generieren. Möglicherweise musst du einige Anzeigen erst testen. Es hängt auch davon ab, wie groß die Konkurrenz bei deinem Produkt ist.

Bei dieser Einkommensmöglichkeit stellst du hilfesuchenden Klienten dein Wissen und deine Erfahrung zur Verfügung, um ihr Leben zu verbessern. Das kann auf mentaler, psychischer Ebene sein oder auf finanzieller Ebene, um ein erfolgreiches Business aufzubauen.

Die Voraussetzung dafür ist: Du bist auf einem Gebiet bereits Experte, kannst finanzielle Erfolge vorweisen oder hast dich auf mentaler Ebene soweit entwickelt, dass du anderen zum Beispiel helfen kannst, ihr Selbstbewusstsein zu stärken und sich weiter zu entwickeln.

10. Mentoring & Coaching

Hilfst du gerne anderen Menschen? Bist du jemand, den andere gerne um Rat fragt? Kannst du etwas besonders gut? Hast du ein Hobby, dass du bereits seit Jahrzehnten ausübst und dich exzellent darin auskennst? Oder bist du in einem Businessmodell schon sehr erfolgreich?

Dann werde doch ein Coach oder ein Berater. Heutzutage ist es trendy gecoacht zu werden, statt zum Psychiater zu gehen oder die Abendschule zu besuchen. Ein guter Coach sollte dich nach einigen Sessions auf die richtige Spur bringen und dein Leben positiv verändern.

Es gibt sehr viele Menschen mit Problemen. Sei es das falsche Mindset, der falsche Beruf, der fehlende Partner oder mangelndes Selbstbewusstsein. Viele Menschen möchten auch wissen, wie man viel Geld verdient, wie man reich wird. Wenn du eine Sache bereits kannst und eine Menge Erfahrung mitbringst, stelle dein Wissen anderen entgeltlich zur Verfügung.
Und bei dem Ganzen geht es nicht nur um das Geld, sondern auch um die Freude, anderen deine Erfahrung weiterzugeben. Wenn du gerne lehrst und erzählst, ist dieses Geschäftsmodell ideal für dich.

Was ist nun daran passiv?
Die meisten Coachings oder Mentorings beginnen zwar mit einer 1:1 Skype oder Videosession um festzustellen, ob der neue potentielle Klient für die Beratung geeignet ist. Dann jedoch bekommt derjenige nach Unterzeichnung und Bezahlung des Vertrages meist einen Videokurs an die Hand, den er alleine durcharbeiten muss.

Je nach Vereinbarung wird im Abstand von 10 bis 14 Tagen weitere Skype- oder Zoomgespräche vereinbart, um den Wissensstand abzufragen und aufkommende Probleme zu lösen. Durch diese Unterstützung gelingt es dem Coachingteilnehmer oder Mentee nach acht bis zehn Wochen sein Problem in den Griff zu bekommen oder zum Beispiel mit einem neuen Business erfolgreich zu starten.

Dein Coachingbusiness baust du auf, indem du Schritt für Schritt deinen Teilnehmern in Videolektionen zeigst, wie sie vorgehen müssen, um mit deinem bewährten System das gewünschte Ziel zu erreichen. Oft gibt es noch PDF Zusammenfassungen zum Ausdrucken und zu jeder Lektion Hausaufgaben, die dann besprochen werden. Trotzdem ist nach der einmaligen Erstellung der Videos der Aufwand verschwindend gering.

Für ein Coaching oder Mentoring kannst du zwischen 3000 Euro und 8000 Euro verlangen und musst dafür nur etwa sechs bis zehnmal eine Skype Session durchführen und eventuell ein paar Fragen zwischendurch per Whatsapp beantworten. Die Fragen könntest du auch an einen Assistenten zur Beantwortung weitergeben. Du solltest dich in dem Thema so gut auskennen, dass die Sessions dich keine Vorbereitungszeit kosten. Mit deinem Laptop bist du zudem ortsungebunden. Die Zahlungsabwicklung und dein Produkt kannst du auf digistore24 anbieten. Oder du generierst eine eigene Seite mit Mitgliederbereich.

Wie findest du deine Klienten?
Wie bereits in vorherigen Kapiteln erwähnt, bietet sich eine Facebook Gruppe an, die das angebotene Thema behandelt. Gib zuerst kostenlosen Content an die Mitglieder weiter und biete dann dein Mentoring an. Werbung kannst du mithilfe von Facebook Ads schalten und auf eine Landingpage senden, die du mit Hilfe von https://funnelcockpit.com errichtet hast.
Diese leitet den Kunden dann weiter auf deinen Funnel mit angeschlossener Verkaufsseite zum Beispiel von https://www.digistore24.com

►Wie viel kann ich verdienen?
Du kannst an einem Coaching, wenn du Experte bist, etwa 3000 bis 8000 Euro verdienen. Meistens hast du nach kurzer Zeit mehrere Klienten, die dich auch weiterempfehlen. Nach oben sind keine Grenzen gesetzt. Viele Coaches sind bereits Millionäre geworden, nur durch ihre Videokurse.

►Wie hoch ist der Aufwand?
Der Aufwand besteht aus dem Aufnehmen des Videokurses, dem Erstellen einer Facebook Gruppe, dem

Schalten von Facebook-Ads. Eventuell benötigst du eine Landingpage mit Funnel und lagerst dein Produkt inklusive Zahlungsabwicklung aus zum Beispiel bei Digistore24. Zudem benötigst du Zeit für die Betreuung deiner Klienten.

►Dauer bis zu ersten Einkommen?
Wenn dein Kurs online ist und deine Facebook Anzeigen laufen, sollte es maximal einige Wochen dauern bis du dein erstes Geld verdienst. Natürlich musst du viel Marketing betreiben und dich auch selbst gut vermarkten. Damit dir neue Klienten vertrauen, solltest du deine Erfolge auch nach außen verkünden und eine positive Ausstrahlung haben.

11. Personalvermittlung & Headhunting

Headhunter oder einfach nur Personalvermittler, sind Menschen, die nach qualifizierten und idealen Kandidaten für bestimmte Stellenangebote suchen. In der Regel konzentrieren sie ihre Suche auf hochqualifizierte oder hochrangige Führungspositionen, da sie dabei eine höhere Provision erhalten. Bezogen auf die Provisionseinnahmen kann ein Personalvermittler zwischen 15% und 30% des Jahresgehalts für jeden Bewerber einnehmen, der die Stelle besetzt. So wären das für ein Jahreseinkommen von 150.000 Euro eines Leiters für IT-Cybersicherheit 45.000 Euro pro Jahr bei 30% oder 3.750 Euro pro Monat für nur eine einzige Person.

Die Anlauf- und Betriebskosten für diese Art von Geschäften sind vernachlässigbar gering. Um loszulegen und zu funktionieren, benötigst du nur ein Smartphone, einen Laptop, einen Internetzugang und ein reguläres LinkedIn Rekrutierungs-Abo, um entweder aktive oder passive Talente einzustellen.

Leitgedanke:
Das Headhunting ist ein Geschäftsmodell, das einen geringen Aufwand und eine hohe Rendite bietet. Es bringt größere Spielräume für die Auslagerung von Personalressourcen mit sich und stellt somit keine Schwierigkeiten bei der Suche nach geeigneten Talenten dar. Der Prozess umfasst im Wesentlichen die Identifizierung geeigneter Stellenangebote und die Suche nach passenden Stellenangeboten über LinkedIn. Danach müsstest du dich an einige potenzielle Kunden wenden, die du gefunden hast und das Ganze von dort aus ins Rollen bringen.

Wahrscheinlich ist der einzig entscheidende Teil dieses passiven Einkommensversuchs das Vorhandensein außergewöhnlicher Soft Skills. Soft Skills sind die wünschenswerten Eigenschaften, die bestimmten Berufsgruppen innewohnen und nicht unbedingt von erworbenen Kenntnissen abhängen: Dazu gehören der gesunde Menschenverstand, ein gutes praktisches Urteilsvermögen, eine positive und flexible Einstellung und die Fähigkeit, mit Menschen umzugehen, insbesondere beim Knüpfen neuer Verbindungen und beim Aufbau von Beziehungen.

Aus der Perspektive des Erwerbs des passiven Einkommens kannst du ein Unternehmen gründen und mit einem erprobten Prozess zur Suche nach Leads für offene Stellen und zum Abschluss von Vereinbarungen mit Arbeitgebern vorgehen.

Diese Software könntest du zum Beispiel für den Aufbau deiner Personalvermittlungsseite nützen:
https://recruitee.com

oder
https://www.smartjobboard.com

oder

https://www.mindscope.com

▶Wie viel kann ich verdienen?

Wieviel du verdienst hängt von der Person ab, die du vermittelst. Umso besser die Person verdient, umso besser verdienst im Umkehrschluss du. Du kannst dich auch direkt auf Spitzenverdiener spezialisieren, bedenke jedoch, dass auch die Vermittlung schwerer wird.

▶Wie hoch ist der Aufwand?

Der Aufwand ist relativ gering, wenn man ihn mit dem möglichen Verdienst vergleicht. Deine Aufgabe besteht im Grund nur aus dem Herausfiltern von Stellenangeboten und passenden Personen.

Wenn du professionell starten möchtest, empfiehlt es sich deine Seite mit einer ansprechenden Software zu gestalten. Das geht schneller, verursacht aber leider auch Kosten.

▶Dauer bis zu ersten Einkommen?

Bis du deine ersten Euros verdienst sollte es nicht lange dauern. Die Menschen suchen täglich Jobs und du agierst als Vermittler. Du bietest sowohl dem Arbeitgeber als auch dem Arbeitnehmer einen Mehrwert und hilfst ihnen. Angebote bleiben also nicht aus, wodurch auch dein Bankkonto schnell steigen sollte.

12.Ghostwriterservice / White Label Dienste

Seit das KDP Kindle Business blüht und immer mehr Selfpublisher anzieht, bietet es sich an, ein Unternehmen zu gründen, das Ghostwriter und Selfpublisher zusammenführt. Selbstverständlich können dazu noch Dienste wie Covererstellung oder Formatierung und Schaltung von AMS Anzeigen dazu genommen werden.

Es klingt irgendwie absurd, ein Autorengeschäft zu gründen und zu betreiben, ohne persönlich irgendwelche Schreibarbeiten zu erledigen. Allerdings solltest du dich zumindest mit dem Ghostwriting vertraut sein. Mehrere Schreibdienste geben sich damit zufrieden, die Schreibprojekte ihrer Kunden von einigen preiswerten Ghostwritern oder Freelancern out zu sourcen. Im Wesentlichen entspricht diese gängige Praxis vollständig einem White-Label-Dienst.

Wenn du dich für dieses Business entscheidest, hast du fähige Autoren an der Hand und kannst diese zusätzlich für alle Arten von Texten einsetzen und diese Unternehmen zur Verfügung stellen.

A: Service für Unternehmen, die gelegentlich Texte für Werbung, Webseiten und Anzeigen benötigen.

B: Fertige Ebooks an Self Publisher liefern.
Dafür solltest du zumindest ein bis zwei Ebooks und Taschenbücher selbst veröffentlicht haben, um genau zu wissen, was verlangt wird und wo du Autoren findest.

Gerade Anfänger im Kindlebusiness sind froh, wenn ihr Werk von Anfang an betreut wird, beziehungsweise sie ein fertiges Ebook erhalten. Wenn du am Anfang je zwei bis drei zuverlässige Autoren, Formatierer und Designer beschäftigst, kannst du dein Business starten und leitest nur die Anfragen an die jeweiligen Ansprechpartner weiter. Du kannst das Ganze als Pauschalpreis anbieten oder jeweils nur eine Provision nehmen. Wichtig ist eine Endkontrolle des fertigen Werkes, damit keine Reklamationen kommen.

Passiv ist das Business insofern, als dass du nach Einarbeitung nur die Aufträge weiterleitest und zum Schluss kontrollierst. Du benötigst lediglich eine Webseite, auf der du das Ganze mit Preisen anbietest und musst wie bei den meisten Geschäftsmodellen Facebook und Google Ads schalten. Bekannt werden kannst du auch über Mund zu Mund Propaganda und durch posten in themenbezogenen Gruppen. Eine Möglichkeit wäre auch, Dich mit Ebook Coaches zusammenzuschließen und dort direkt Aufträge zu erhalten.

Leitgedanke:
Im Allgemeinen erfolgt die Erfüllung des Auftrags durch Fernarbeit, entweder von zu Hause oder an einem anderen Ort außerhalb eines Büros. Um dein Autorengeschäft zu starten und zu betreiben, musst du schriftliche Verträge aufsetzen.

Der ideale Weg, um einen White-Label-Dienst zu starten, beginnt mit der Gründung eines freiberuflichen Autorengeschäfts, indem du dich persönlich mit Kunden beschäftigst und die Arbeit vollständig selbst verfasst. Nachdem du dich etabliert hast und in dieser Phase erfolgreich bist, kannst du anschließend Ghostwriter, Designer und virtuelle Assistenten einstellen. In der Tat kannst du dann Schreibdienste als Schreibagentur anbieten.

►Wie viel kann ich verdienen?
Mit diesem Geschäftsmodell kannst du sicherlich ein gutes Leben führen. Sieh dieses Modell als seriöses Geschäft. Du und deine Mitarbeiter erledigen Aufträge für Self Publisher und später auch für größere Unterneh-

men. Damit kann man auch sehr gut verdienen. Abhängig vom Verdienst und der Anzahl deiner Mitarbeiter, kannst du durchaus einige Tausend Euro im Monat verdienen. Umso mehr Mitarbeiter dir helfen, umso mehr Projekte kannst du annehmen und liefern.

▶Wie hoch ist der Aufwand?

Der Aufwand kann besonders anfangs hoch sein. Wenn du ohne Mitarbeiter beginnst und deine Aufträge selbst bearbeitest, kannst du mit einem Vollzeitjob rechnen. Wenn du allerdings Mitarbeiter einstellst, welche die Arbeiten für dich erledigen, bleibt dir mehr Zeit für die Organisation und die Generierung neuer Aufträge und neuer Mitarbeiter. Passiv wird das Ganze dann, wenn du nur noch Aufträge delegierst oder alles über eine Plattform abläuft.

▶Dauer bis zu ersten Einkommen?

Wenn du selbst schreibst, dann eventuell eine Woche. Einen Auftraggeber findest du ziemlich schnell, ich empfehle dir dafür beispielsweise die Textjobberbörse oder MachDuDas für den Anfang. Umso schneller und je mehr du schreibst, umso besser verdienst du und kannst anschließend auch mehrere Mitarbeiter einstellen. Wenn du weißt, wie alles funktioniert, kannst du deine eigene Agentur gründen.

13. Social-Media Marketing für lokale Unternehmen

Den meisten kleinen Unternehmen fehlt es einfach an Zeit, Wissen und Kreativität, um in der heutigen Zeit auf Social-Media aktiv zu sein. Alles verändert sich rasant. Früher gab es nur Facebook und viele fühlten sich bereits überfordert. Doch heute gibt es unzählige weitere Social-Media-Kanäle, welche alle nicht nur als Entertainment Quelle funktionieren. Heutzutage nutzt so gut wie jeder die sozialen Netzwerke. Das bedeutet auch, dass man unglaublich viele Menschen in Sekundenschnelle erreichen kann. Besonders als Unternehmen sollte man diese Form des Marketings nicht unterschätzen.

Da es aber viele ältere Unternehmensgründer gibt, welche der Zeit nicht ganz hinterherkommen, sind sie nicht in den sozialen Netzwerken unterwegs. Deshalb kannst du ihnen helfen, wenn du dich mit Facebook, Instagram und Co. auskennst.

Das Ziel besteht darin die Online-Präsenz des Betriebes zu verbessern und eine neue Kunden zu generieren. Diese Businessidee ist nicht nur passiv, sondern du musst am Anfang einiges dafür tun. Jedoch, wenn alles eingerichtet ist, läuft das meiste automatisch.

Was also musst du tun?
Abgesehen davon, dass du mit Unternehmen in Kontakt treten musst, besteht deine Hauptaufgabe darin, für das Unternehmen neue Kunden zu generieren. Das funktioniert gut über Facebookanzeigen, sogenannte Facebook Ads. Auch eine Facebookseite mit gutem Content gehört dazu.

Die ganze Werbung kann auch mit Facebook Messenger Bots automatisiert werden und läuft dann zu 80% passiv.

Chatbots generieren ein textbasiertes Dialogsystem, das einmal programmiert werden muss, für das es aber gute Vorlagen gibt, die du nur personalisieren musst. Bots funktionieren in der Kommunikation mit dem Kunden im Facebook Messenger.

In einer Zeit, wo so viel Spam mit Mails versendet wird, ist die Öffnungsrate der Newsletter sehr gering. Im Messenger hingegen steigt die Öffnungsrate bis auf

30% und mehr. Die Chatbots kommunizieren automatisch mit dem Kunden und sind rund um die Uhr für den Kunden da.

Es gibt einige Fragen, die sie nicht beantworten können und die dann auf eine private Emailadresse zum Beantworten geleitet werden. Durch Bots kann man den Kunden auf Termine aufmerksam machen, er kann sich für Veranstaltungen eintragen und für neue Produkte auf die Landingpage gelenkt werden. Auch Fotos und Videos können ganz leicht eingebunden werden.

Ein gutes Programm für Chatbots ist zum Beispiel: https://manychat.com/

Es gibt eine Gratisversion, die nächste Version für 1000 Usern kostet etwa 15 US Dollar. Kurse für Manychat kannst du auf Youtube auch kostenlos finden.
Wie findest du deine Kunden? Du kannst dir zum Beispiel Läden oder kleine, alteingesessene Unternehmen in deiner Umgebung raussuchen, die keine attraktive oder gar keine Webseite haben und nicht auf Facebook vertreten sind. Diese kannst du ansprechen und auf die Möglichkeiten des modernen Marketings aufmerksam machen. Vereinbare vielleicht einen Probemonat zum

Sonderpreis. Bei guten Ergebnissen werden sie auch einen längeren Vertrag mit dir abschließen.

►Wie viel kann ich verdienen?

Deine Verdienstmöglichkeiten in diesem Bereich sind exzellent. Gerade weil auch das Chatbot Messenger Marketing noch nicht weit verbreitet ist, kannst du deine Kunden damit beeindrucken. Auch nehmen die Aufgaben – einmal eingerichtet- wenig Zeit in Anspruch. Wenn du nur einen Kunden hast, kannst du monatlich mehrere Hundert Euro verlangen. Wenn du nun zehn oder zwanzig Kunden hast, kannst du dir deinen Gewinn ausrechnen. Du kannst mit dieser Methode leicht 6-stellig verdienen.

►Wie hoch ist der Aufwand?

Der Aufwand ist tatsächlich recht niedrig. Mit Plattformen wie HootSuite kannst du die Aktivitäten der Seiten überwachen und neue Beiträge im Voraus planen. Für das Messengermarketing musst du dich einmal einarbeiten, aber dann funktioniert es bei jedem Kunden gleich. Somit bleibt dir viel Zeit für die Akquise neuer Kunden, auf welche du aus sein solltest.

►Dauer bis zu ersten Einkommen?

Mit deinem ersten Kunden kommt dein erstes Einkommen. Dieser sollte immer zu Beginn des Monats abgerechnet werden. Bis du deinen ersten Kunden hast sollte es auch nicht länger als einen Monat dauern, sodass du schon bald dein Geld zählen kannst.

14. Sprachtutorials

Sprichst du gerne Fremdsprachen und hast bereits einige davon erlernt? Macht es dir außerdem Spaß anderen etwas beizubringen? Dann verdiene doch Geld mit deiner Leidenschaft. Online-Tutoren werden immer beliebter.

Die interessierten Schüler von heute lernen nicht mehr im Klassenzimmer, sondern im Internet. Sie lernen lieber von einem Muttersprachler oder einer Person, welche die Sprache alltäglich beherrscht. Kannst du beispielsweise sehr gut Englisch? Viele Menschen auf der ganzen Welt suchen nach netten Lehrern von denen sie Englisch lernen können. Für gute Lehrer sind sie gerne bereit mehr zu zahlen. Auch Firmen suchen sich schon Online-Tutoren für ihre Mitarbeiter. Auch Deutsch ist eine sehr beliebte Sprache, welche eine Menge von Menschen lernen möchte. Wenn du dich also gut mit der Grammatik, dem Satzbau und der Rechtschreibung der Sprache auskennst, steht dem nichts mehr im Wege. Grundsätzlich kannst du auf Freelance Plattformen wie Fiverr oder Upwork nach Arbeit suchen. Doch auch auf Facebook oder anderen sozialen Netzwerken kann man sich sehr gut mit Menschen vernetzen, welche eine Sprache lernen möchten. Du kannst auch deine eigene Agentur gründen und weitere Tutoren einstellen. Dann können du und deine Mitarbeiter in vielen verschiedenen Sprachen unterrichten.

►Wie viel kann ich verdienen?

Du kannst sehr gutes Geld verdienen. Ein Online-Tutor kann oftmals bis zu 100€ die Stunde verlangen. Geht es um Business- oder rechtliche Begriffe sogar mehr. Als Beginner kannst du mit Stundensätzen von etwa 20€ rechnen. Wenn du dir erst einmal einen Kundenstamm aufgebaut hast, kannst du bei neuen Kunden auch mehr verlangen.

►Wie hoch ist der Aufwand?

Der Aufwand hält sich in Grenzen. Du solltest Spaß an der Sache haben und es wirklich gerne machen, sonst ist dieses Geschäftsmodell vermutlich nicht das richtige für dich. Deine Aufgabe besteht hauptsächlich darin neue

Kunden zu generieren und die Lektionen für die Schüler vorzubereiten.

►Dauer bis zu ersten Einkommen?
Bis du deinen ersten Kunden gefunden hast sollte es normalerweise nicht lange dauern. Millionen Menschen suchen gerade nach guten Online-Tutoren. Wenn du Expertise beweisen kannst und dich gut ausdrücken kannst, hast du dein erstes Einkommen in wenigen Tagen.

15. Videokurs- und Mitglieder-Websites

Eine Webseite, auf der du digitale Videokurse zu einem gefragten Thema anbietest, ist eine Geschäftsidee, die für den erfahreneren Digitalunternehmer geeignet ist. Wenn du schon mal aus Spaß ein paar Videos gedreht hast, fällt es dir vielleicht leicht, eine ganze Serie zu einem Thema zu gestalten. Oft geht es nur darum, Probleme von anderen Menschen zu lösen. Bist du eventuell Fachmann auf einem Gebiet? Du kannst digitale Inhalte anbieten wie: " So schalte ich gewinnbringend Facebook Ads " oder auch einen Kurs über: „So fotografiere ich meine Freundin im Homestudio " „Wie ich meinen Hund richtig trimme ". Es gibt unzählige Themen. Du musst vorher allerdings klarstellen, dass es auch viele Leute interessiert und ein dringendes Problem löst.

Diese Kurse kannst du nun über Facebook anbieten und z.B. in https://www.digistore24.com/

oder auf https://www.udemy.com verkaufen.

Leitgedanke:
Tatsächlich lohnt es sich, etwas Zeit zu investieren und eine Vielzahl von schriftlichen Inhalten und Videokursen zu erstellen, wenn sie die besten ihrer Art sein sollen. Deine Kunden werden deine Kurse kaufen, wenn sie danach eine zufriedenstellende Lösung ihrer Probleme erfahren.

Dennoch ist nach Abschluss der ersten Verkäufe mit Aufwand verbunden. Ohne Werbung läuft da nichts. Wenn du jedoch etwas bekannter bist, zufriedene Kunden vorweisen kannst und deine Werbeanzeigen laufen, dann musst du nur ab und zu ein Update oder einen Fortsetzungskurs machen und erhältst von jedem Verkauf gutes Geld über Monate oder Jahre.

Wenn du die Expertise in einer bestimmten Nische hast, kannst du bei der Erstellung deines umfassenden Digitalkurses nie etwas falsch machen.
Die wichtigsten Schritte, die du bei der Suche nach einer profitableren Nische zur Präsentation deines digitalen Kurses unternehmen musst, sind unter anderem:

- Das Identifizieren eines Zielmarktes mit erheblichen Bedürfnissen und Anforderungen.

- Das Anwenden kostenloser Online-Tools für die Keyword-Recherche (zum Beispiel Google AdWords' Keyword Planner, Mangools, Wordtracker Scout, etc.) ist möglich, da die meisten Kursthemen bereits durch eine Vielzahl von Inhalten gesättigt sind.

- Wenn du auf der Suche nach einer idealen Landingpage Software bist, kannst du zum Beispiel https://funnelcockpit.com nützen.
- Das Einschätzen deines Produkts (digitaler Kurs) auf dem Marktplatz vor der Erstellung. Diese Einschätzung stellt sicher, dass die Leute bereit sind, für deinen Kurs zu bezahlen. Wenn du dich schon mit Facebook Ads auskennst, kannst du vorher einen Splittest durchführen, um zu sehen, ob genug Leute auf dein Angebot reagieren.

►Wie viel kann ich verdienen?

Definitiv 3-6-stellig. Wenn du eine gute Expertise und Wissen vorweisen kannst, kannst du sehr viel Geld verdienen, bei kleinen gefragten Kursen reicht es zumindest für ein schönes Zubrot.

►Wie hoch ist der Aufwand?

Hoch. Du musst viele Videos erstellen und dich gut vermarkten. Allerdings wird es sich letztendlich auszahlen, wenn du am Ball bleibst.

►Dauer bis zu ersten Einkommen?

Nachdem du deine Kurse und Inhalte erstellt hast, kannst du ab sofort mit Einkünften rechnen.

Diese Geschäftsideen sind hauptsächlich für kreative Leute gedacht. Viele von euch haben möglicherweise Fotografie als Hobby oder spielen mit Videos rum, programmieren zum Spaß oder sind anderweitig kreativ.

Viele dieser Talente können anderen zur Verfügung gestellt werden und auf eine Plattform hochgeladen werden und zu Geld gemacht werden.

Wäre das etwas für dich?
Wir sprechen hier von digitalen Fotos oder kleinen Videos, die auf deiner Festplatte liegen, selbst komponierten Musikstücken oder auch von einer Videosammlung, die du auf YouTube für dich angelegt hast. Vielleicht programmierst du auch in deiner Freizeit kleine Apps, bist Grafikdesigner und es fällt dir leicht ansprechende Illustrationen zu machen oder hast ein anderes Hobby in der digitalen Welt, dass du gewinnbringend vermarkten könntest?

Geschäftsideen für das Verdienen eines passiven Einkommens können seltsam, wild und verrückt sein, aber das Endergebnis ist im Allgemeinen wunderbar. Viele dieser Konzepte entwickelten sich zu erfüllenden Gründungen von Unternehmen – auch wenn sie zunächst ungewöhnlich und unbekannt waren. Diese Unternehmen machen ein Vermögen, indem sie bestimmte Lücken und Bedürfnisse auf dem Markt einfach ausnutzen oder manipulieren. Die meisten dieser Unternehmen profitieren von niedrigen Gemeinkosten und hohen Gewinnmargen, was im Wesentlichen der Kern des Online-Geschäfts ist.

16. Verkauf von Fotos durch Bildagenturen

Dein Hobby ist Fotografie? Wieso dann nicht damit Geld verdienen? Heutzutage gibt es einige interessante Plattformen, mit denen du deine Bilder online verkaufen kannst. Viele Menschen benötigen Bilder, die sie auf ihrer Website, ihren Social-Media-Kanälen oder auf anderen Facebook posten können. Um diese Bilder jedoch öffentlich verwenden zu dürfen, müssen sie die Lizenzen für das Bild erwerben. Den Preis, welcher der Erwerber hier zahlt, geht teilweise an die Plattform und teilweise an den Fotografen.

Früher wurden von den großen Bildagenturen nur Profifotografen angenommen. Seit etwa zehn Jahren können auch Hobby Fotografen ihre Bilder gewinnbringend vermarkten. Trotzdem müssen die Fotos gewissen Ansprüchen genügen und sollten Themen beinhalten, die gefragt sind.

Getty Images, Shutterstock und Stocksy, Adobe Stock und einige mehr sind beliebte Plattformen auf denen Hobbyfotografen ihre Leidenschaft ausleben und etwas Geld verdienen können. Vielleicht hast du bereits ein nettes Bildarchiv auf deiner Festplatte liegen, das nur ab und zu durchgeschaut wird? Möglicherweise fotografierst du zu einem bestimmten Thema wie Bergfotos oder Hundeaufnahmen oder alte Industriehallen. Alle diese Fotos kannst du theoretisch bei den Microstockagenturen anbieten und hochladen. Nach einer kurzen Anmeldung geht es meist gleich los. Microstock, weil die Beträge, die du pro Download verdienst, auch sehr gering sind. Da geht es mehr um die Masse.

Welche Fotos sind gefragt?

Da nicht nur Privatleute, sondern hauptsächlich viele Zeitschriften und Werbeagenturen lizenzfreie Fotos bei den Microstockagenturen suchen, sollten deine Fotos nicht nur Urlaubsbilder und Sonnenuntergänge umfassen. Agenturen suchen unter Anderem folgende Motive:

Menschen in Alltagssituationen

Aktive Senioren und auch Pflegesituationen

Jahreszeitliche Sachaufnahmen zum Thema Weihnachten, Ostern Halloween

Haustiere mit Menschen oder beim Fressen, Spielen etc.

Lokalkolorit (Bayern, Schwarzwald, Hamburger Hafen usw.)

Moderne junge Menschen in der Großstadt

Wichtig: Alle Personenfotos müssen mit einer Einverständniserklärung, dem sogenannten Modellrelease eingereicht werden. Das Gleiche gilt für bestimmte Locations oder private Gärten, Häuser, Parks und wird Propertyrelease genannt.

Reiche mindestens 100 bis 500 Fotos ein. Es werden nie alle Fotos akzeptiert. Auch ist es sehr wichtig, dass die Fotos mit den richtigen Schlagwörtern oder Suchbegriffen versehen sind. Das kannst du mit verschiedenen Programmen wie zum Beispiel ACDSee machen. Sei nicht abgeschreckt, wenn zu Beginn viele Fotos nicht akzeptiert werden. Versuche zu verstehen warum und mach es das nächste Mal besser.

Wenn du dich nicht dafür entscheidest, exklusiv bei einer Agentur gelistet zu sein, kannst du deine Fotos zu allen größeren Bildagenturen gleichzeitig hochladen. Verschlagworte am besten alle Fotos gleich in Englisch, das macht es leichter.

►Wie viel kann ich verdienen?

Erwarte nicht zu viel. Theoretisch kannst du einige tausend Euro verdienen, wenn du tausende von Fotos online hast. Ich würde sagen, eine Zahl zwischen 50 und 500 Euro ist bei guten Fotos und einem Bildvolumen von mehreren hundert Fotos eher realistisch.

►Wie hoch ist der Aufwand?

Der Aufwand sollte für dich nicht all zu groß sein, da das Fotografieren wirklich eine Leidenschaft von dir sein sollte. Falls dies nicht der Fall ist, lohnt sich dieses Geschäftsmodell für dich nicht. Der Aufwand besteht im Fotografieren, Bilder bearbeiten und auf die Plattform hochladen. Außerdem solltest du wachsam gängige Zeitschriften durchstöbern, um zu sehen, welche Fotos gedruckt werden. Das Gleiche gilt für bekannte Webseiten.

►Dauer bis zu ersten Einkommen?

Die besten Fotografen haben mehrere zehntausend Bilder auf den Plattformen. Wenn du aber kontinuierlich Fotos produzierst, werden die ersten Einnahmen bald kommen.

17. Erstellen von YouTube Videos

Eine weitere Möglichkeit, etwas Geld zu verdienen, ist die Veröffentlichung von YouTube-Videos. Diese können eine Menge Spaß bereiten, wenn du eine strahlende und temperamentvolle Persönlichkeit hast und gerne etwas mit Video machst. YouTube ermöglicht es jedem mit einem Gmail-Konto, seine Dienste zu nutzen. Wenn du dich bei YouTube anmeldest, kannst du etwas Geld mit den Videos verdienen, die du veröffentlichst. Die Menschen bauen oft ihre eigenen Kanäle auf und nutzen diese als Grundlage für ihr Geschäft.

Wenn du deine YouTube-Videos drehst, musst du an der Spitze deines Gebiets stehen. Du wirst nicht viele Zuschauer oder viel Geld erhalten, wenn du nur die Anweisungen befolgst und in ein paar Minuten etwas zusammenstellst. Selbst auf YouTube erwarten die Leute eine gewisse Anstrengung, welche in die Videos gesteckt wird, die sie gerade sehen. Wenn es sich billig und mangelhaft anfühlt, werden die Leute sich schlichtweg entscheiden, etwas anderes zu schauen.

Leitgedanke: Nimm dir die Zeit, über gute Inhalte nachzudenken, die du in das Video einbringen kannst, welches die Menschen wertvoll finden werden – finde eine gute Kamera, die qualitativ hochwertiges Video produzieren kann, versuche ein paar verschiedene Winkel und benutze die besten Keywords, um die Zuschauer zu finden, die den größten Wert aus deinem Video ziehen können. Wenn du in der Lage bist, ein gutes Video zu erstellen und es dann in eine gute Reihe zu verwandeln, wirst du feststellen, dass es viel einfacher ist, mit dieser Methode etwas Geld zu verdienen.

►Wie viel kann ich verdienen?

YouTube bietet sehr profitable Möglichkeiten. Viele Y-ouTuber sind bereits Millionäre geworden. Achte darauf eine große Reichweite zu erhalten, dann wirst du viel Geld verdienen.

►Wie hoch ist der Aufwand?

Mittelmäßig. Kümmere dich vor allem um hochwertige Inhalte, gute Qualität und die Interaktion mit deinen Zuschauern.

►Dauer bis zu ersten Einkommen?
Das kann einige Monate oder länger dauern. Du benötigst viele Klicks und Fans, um von YouTube direkt bezahlt zu werden. Du kannst deine Reichweite jedoch auch nutzen, um Produkte auf anderen Seiten zu verkaufen.

18. Verkauf digitaler Dateien/ Grafiken auf Etsy

Der Marktplatz Etsy bietet nicht nur handgefertigte Kleidung, Dekorationsartikel oder sonstige Unikate an. Es gibt auch digitale Produkte wie digitale Fotovorlagen, Jahresplaner, Vorlagen für Flyer, Visitenkarten und Prospekte. (auf Englisch: digital Templates) Auch werden Tools für den Photoshop angeboten wie Pinsel/ Brushes und Overlays.

Diese Vorlagen oder Tools können im Prinzip ganz easy grafisch erstellt werden. Vielleicht hast du bereits welche für dich entworfen oder es liegt dir und macht dir Spaß, neue Entwürfe oder witzige Overlays zu erstellen.

Ich selbst habe schon oft Pinsel/ Brushes zum Beispiel für Osterdekorationen selbst entworfen. Wenn du darin geübt bist, kannst du diese Grafiken oder Tools auf Etsy anbieten. Ähnlich wie bei den Fotos für Bildagenturen, verdienst du bei jedem Download und das solange es Etsy gibt.

Wichtig: Versuche etwas Neues, vielleicht Außergewöhnliches zu kreieren und stelle am Anfang gleich eine Menge verschiedener Anwendungen ein.

Beliebt sind auch thematische Bundles. Wenn du dich etwas auf Etsy umschaust, fallen dir vielleicht noch mehr Motive oder Anwendungen ein, die du gestalten könntest. Auch hier werden die Einnahmen von Etsy geteilt.

https://www.etsy.com

►Wie viel kann ich verdienen?
Du musst dich gegenüber den anderen Anbietern durchsetzen. Allerdings kannst du dann zwei bis dreistellig verdienen, wenn du gute Qualität und am besten viele verschiedene Designs bietest.
►Wie hoch ist der Aufwand?

Mittel. Es sollte dir Spaß machen und leicht fallen, neue Designs und Photoshoppinsel zu gestalten.

►Dauer bis zu ersten Einkommen?
Das kann wenige Wochen oder Monate dauern. Manches wird auch nicht verkauft. Versuche aus der Masse herauszustechen.

19. Verkauf von lizenzfreien Musikdateien

Wie vorher mit eigenen Fotografien, so kannst du auch mit selbst komponierter Musik ein passives Zusatzeinkommen generieren. Vielleicht hast du bereits einige Musikstücke auf deinem Computer und es fällt dir leicht, neue zu produzieren. Früher war es unglaublich schwer, einen Produzenten oder ein Label zu finden, jedoch heute kann jeder seine Kompositionen einer breiten Öffentlichkeit zugänglich machen.

Und Musikstücke werden immer häufiger benötigt, dadurch dass viele Leute ihre Videos mit Melodien unterlegen wollen und viel mehr Videos gekauft werden.

Du kannst meist deine Kompositionen auf verschiedenen Marktplätzen hochladen. Zudem bleibt dir auch

Youtube als Marketinginstrument. Wenn Kunden dort deine Musik hören, kannst du sie zu deinen Marktplätzen weiter leiten.

Geeignete Marktplätze:
http://www.dooload.de

oder
https://youtunez.com/

►Wie viel kann ich verdienen?
Theoretisch kannst du viel Geld verdienen, wenn deine Musikkompositionen dem Mainstream passen und häufig gekauft werden.

►Wie hoch ist der Aufwand?
Das Komponieren oder vielleicht auch Singen sollte dir Spaß machen und bereits ein Hobby von dir sein. Sonst ist der finanzielle Aufwand zu hoch.

►Dauer bis zu ersten Einkommen?
Das kann variieren. Wenn du den Geschmack der Kunden triffst und Werbung für deine Kompositionen machst, kann es theoretisch nach den ersten Tagen schon so weit sein.

20. WordPress Designs, Plugins oder Vorlagen

Der Verkauf von WordPress-Designs oder Vorlagen kann für Grafikdesigner von besonderer Bedeutung sein. Derzeit versorgt das Content Management System (CMS) WordPress fast 60% aller Websites weltweit. Diese Zahl impliziert schlichtweg Millionen von Webmastern und logischerweise verwenden alle von ihnen Plugins und Designs. Es ist wichtig darauf hinzuweisen, dass es sich um einen riesigen Markt handelt.

Da WordPress-Designs heutzutage immer beliebter werden, wäre die Auseinandersetzung damit eine gute Quelle für passives Einkommen, insbesondere für Freelancer. Wenn du einen Hintergrund in der Webentwicklung hast, könnte das Seitendesign/Plugin oder das Vorlagendesign die richtige Wahl für dich sein. Eine sehr empfehlenswerte Seite, auf der du passives Einkommen durch den Verkauf deines Vorlagendesigns erzielen kannst, ist ThemeForest, während CodeCanyon die beste Seite für Marketing-Plugins ist.

Nehmen wir das beliebteste Design, Avada als Beispiel. Seit seiner Veröffentlichung hat es bereits mehr als 10 Millionen Dollar generiert, indem es 220.000 Dollar pro Monat eingebracht hat. Diese Leistung ist jedoch außergewöhnlich. Dein eigentliches Anliegen verlagert sich auf den Bereich Design/Plugin-Entwicklung; was steht dann für dich auf dem Plan?

Tatsache ist, dass die meisten Entwickler keinen Cent durch ihre Kreationen verdienen. Etwas mehr als drei Viertel der WordPress-Designs, die auf ThemeForest vermarktet werden, verdienen lediglich weniger als tausend Euro pro Monat, während weniger als 1% monatlich wiederkehrende Einnahmen von 10.000 Euro übersteigt.

Ein wesentlicher Bestandteil dieses verlustarmen Problems ist eine Reduzierung der Gewinne von 30% bis 70% durch Envato, welches sowohl Eigentümer von ThemeForest als auch von CodeCanyon ist. Außerdem schränken dich bestimmte Marktplatzregeln ein. So berechnet ThemeForest beispielsweise hohe Provisionen, da sie direkten Zugang zu den Käufern haben.

https://themeforest.net
https://codecanyon.net/

Leitgedanke:

Dennoch kannst du als Design/Plugin-Entwickler immer noch Geld verdienen, indem du dich über diese Marktplätze hinwegbewegst und es selbst ausprobierst. Du kannst deine eigene Nischenwebsite erstellen, relevante Blogs veröffentlichen, das Handwerk des Marketings beherrschen und deine Angebote bewerben.

Auf diese Weise konkurrierst du nicht mit den Tausenden von anderen Designs um den Preis. Darüber hinaus kannst du Abonnementmodelle und Multi-Website-Lizenzen anbieten und gleichzeitig die reiche Markttorte für dich behalten. Der entscheidende Faktor ist das Erlernen der effektiven Pflege, Steuerung und Umwandlung des Besucheraufkommens deiner Website.

Außerdem musst du irgendeine Art von Unterstützungsmaterial (zum Beispiel Blogs, Video-Tutorials und möglicherweise Anzeigen) für deine Designs/Plugins präsentieren. Die Generierung eines passiven Vollzeiteinkommens aus der Entwicklung und dem Verkauf von Designs/Plugins ist nie ein Kinderspiel, aber mit der richtigen Einstellung und den richtigen Fähigkeiten ist es durchaus möglich.

►Wie viel kann ich verdienen?

Theoretisch kannst du sehr viel Geld verdienen. Praktisch sieht es aber anders aus. Es ist auf Plattformen wie Envato und Themeforest praktisch unmöglich gutes Geld zu verdienen. Der Markt ist extrem übersättigt und die Favoriten haben sich bereits gebildet. In der Praxis gerechnet kannst du mit zwei bis dreistelligen Einnahmen rechnen.

►Wie hoch ist der Aufwand?
Du musst programmieren können, um ein Theme zu erstellen. Diese Programmierung des Themes kann einige Zeit und Mühe beanspruchen. Zudem solltest du auch nach Fertigstellung stets für Updates sorgen und die Bedürfnisse der Kunden berücksichtigen.

►Dauer bis zu ersten Einkommen?
Das kann variieren. Wenn du dein Theme gut vermarktest, kannst du es bereits in wenigen Tagen bis Wochen verkaufen. Andere Themes verkaufen sich überhaupt nicht. Das Ganze hängt vor allem von gutem Marketing und einem qualitativen Theme ab.

21. Amazon FBA/ Versand durch Amazon

Amazon FBA ist nicht von vorne herein ein passives Business. Allerdings hast du ja bestimmt bereits erkannt, dass bei den meisten passiven Unternehmensmodellen zuerst ein Aufwand nötig ist, um später von passiven Einnahmen zu profitieren.

Amazon FBA kann nach einigen Monaten intensiver Arbeit mehr und mehr ausgelagert werden, bis sich die Arbeit nur noch auf kurze Kontrollen und Marketingmaßnahmen beschränkt.

Was bedeutet denn Amazon FBA eigentlich?
Fulfilment by Amazon bzw. Versand durch Amazon.

Das heißt für dich, du hast ein Versandbusiness, sendest deinen Lagerbestand an Amazon und Amazon verschickt die Waren für dich. Auch sind dann sämtliche Waren für Amazon Prime und den kostenlosen Standartversand geeignet, dass sich ja beides sehr verkaufsfördernd auswirkt.

Was ist nun nötig, um dieses Business professionell aufzuziehen? Ich werde jetzt hier in kurzer Zusammenfassung dieses Geschäftsmodell erklären. Solltest du daran Interesse haben, benötigst du sehr viel detailliertere Informationen und solltest dich von einem erfahrenen FBAler anleiten lassen.

Ich habe schon Waren aus China importiert – meistens funktioniert das bestens, aber es gibt etliche Dinge zu beachten.

FBA:
Du benötigst ein gut verkäufliches Produkt, das du entweder selbst herstellen lässt oder du suchst ein bestehendes Produkt aus und veränderst es geringfügig. Das nennt man Private Labeling. Produkte findest du, wenn es günstig sein soll, vor allem in Ausland. China bietet sich dafür als Hauptmarkt an. Auf Alibaba.com findest du Unmengen an Herstellern, die gerne ihre Produkte nach deinen Wünschen spezifizieren und nach Deutschland senden.

Du kannst auch die Herstellersuche outsourcen an eine Agentur vor Ort, die sich dann zudem um die Qualitätskontrolle kümmert und den Transport nach Deutschland organisiert. Die Ware kann dann nach der Zollabfertigung direkt ins Amazonlager geliefert werden.

Um die Produkte bei Amazon einzustellen, benötigst du sehr gute richtlinienkonforme Produktfotos, die ein professioneller Fotograf für dich anfertigen sollte.

Danach ist das wichtigste die Vermarktung. Dafür schaltest du auf Amazon Werbeanzeigen (PPC), was du auch auslagern kannst. Theoretisch kannst du den Kundenservice auch auslagern.

Was hast du dann noch zu tun?
Du musst das Ganze überwachen, neue Produkte finden und dafür sorgen, dass die Vermarktung läuft.

Trotzdem bedeutet FBA am Anfang eine Menge Arbeit und die Produkte und deine Helfer müssen auch vorfinanziert werden, bevor erste Gelder eintreffen.

►Wie viel kann ich verdienen?
Wenn Amazon FBA gut angelaufen ist, kannst du zwischen 3000 und 10000 Euro pro Monat verdienen.

►Wie hoch ist der Aufwand?
Der Aufwand ist am Anfang sehr groß. Du musst die richtigen Produkte finden, mit Händlern vor Ort kommunizieren, den Versand überwachen, die Produkte einstellen usw. Ganz wichtig ist es auch sämtliche gesetzliche Bestimmungen bezüglich des Imports von Waren zu beachten. Auch finanziell wirst du gefordert. Danach jedoch überwachst du primär deine Geschäfte und kannst entweder dein Business skalieren oder dein Einkommen genießen.

►Dauer bis zu ersten Einkommen?
Je nachdem, wie du Gas gibst, wieviel der Anfangsarbeit du auslagerst und wie schnell dein Geschäft anläuft. Wahrscheinlich musst du einige Monate ausharren und in der Zeit noch investieren.

22. Stellenbörse

Abgesehen von den riesigen Akteuren gibt es nur wenige Seiten, geschweige denn bestimmte Nischenseiten, die sich der Unterstützung von Arbeitssuchenden widmen, die ihre Traumjobs finden wollen. Daher bietet dies große Chancen und Erträge, sich in dieser Nische zu engagieren. Die Anwendung von SEO (Suchmaschinen-optimierung) - und Digital Content Marketing-Strategien zur Erstellung und Erweiterung einer Website ermöglicht es dir, die Ertragspotenziale dieses Geschäftskonzepts zu testen – selbst mit einem kleinen Budget.

Du brauchst nur eine Menge Geduld und Ausdauer, um deine Jobbörse zu starten. Den Bewerbern zu helfen bedeutet, ihre Bewerbungsunterlagen und Lebensläufe zu verbessern, mehr Bewerbungsgespräche zu planen und bessere oder lukrative Jobs zu finden. Wenn du deine Website für all diese Zwecke selbst erstellst, ist das am Anfang mit viel Arbeit verbunden. Dies hilft dir jedoch, die Risikostufe gering zu halten, da du nicht Tausende von Euro für einen Entwickler bezahlen musst, der deine maßgeschneiderte Jobbörse gestaltet.

Leitgedanke:
Sobald deine Jobbörsen-Website an Attraktivität gewinnt (das heißt Besucheraufkommen und Ranking für relevante Keywords), solltest du einen Abschnitt einrichten, der sich ausschließlich auf Stellenangebote bezieht. Da deine Website viele potenzielle Kandidaten angesammelt haben dürfte, kannst du leicht Stellenvermittler und sogar Unternehmen davon überzeugen, Stellen auf

deiner Website zu veröffentlichen. Stellenbörsen verlangen meist Hunderte von Euro für jede Stellenanzeige. Du kannst deine Preise niedriger ansetzen und allmählich und stetig im Verhältnis zur Popularität deiner Website erhöhen.

►Wie viel kann ich verdienen?
Wenn du geduldig warst und deine Seite erfolgreich aufgebaut hast, kannst du als Marktführer sicherlich im 6-stelligen Bereich verdienen. Allerdings musst du tatsächlich Ausdauer aufbringen und dich in die Sache hineinhängen.

►Wie hoch ist der Aufwand?
Der Aufwand ist definitiv hoch. Da du es außerdem mit riesigen Konkurrenten zu tun hast, solltest du besser bereit sein hart zu arbeiten. Außerdem sollte es dir nicht an Geduld und Ausdauer fehlen, sonst ist dieses Geschäftsmodell nichts für dich.

►Dauer bis zu ersten Einkommen?
Hier kann es durchaus einige Monate oder Jahre dauern bis die ersten nennenswerten Euros fließen. Falls du dich allerdings etabliert hast wird sich das Ganze herauszahlen. Du kannst dann mit großen Beträgen handeln und dir in kurzer Zeit deine finanzielle Freiheit erschaffen.

23. Einkommensideen in einer weiteren Sprache skalieren

Die Gründung eines eigenen Unternehmens in einer zweiten oder dritten Sprache kann ein sehr sinnvoller Ansatz sein, wenn du es hinbekommst, deine Website in den wichtigsten Suchmaschinen (Google, Yahoo! und Bing) zu platzieren. Englische Keywords haben bei weitem den höchsten Wettbewerbsgrad bei der Platzierung von Suchmaschinen im Vergleich zu den anderen großen Sprachen der Welt. Daher kannst du zu diesem Zweck die Verwendung anderer Fremdsprachen auf deine Website umleiten oder zulassen.

Leitgedanke: Es wäre wirklich von Vorteil für dich, wenn du noch eine andere Sprache als Englisch sprichst. Auch könntest du zum Beispiel deine ebooks in eine andere Sprache übersetzen lassen. Auch wenn du eine Verkaufswebseite für zum Beispiel Shopify generierst, ist eine englischsprachige Version nützlich. Du kannst damit jede der oben genannten passiven Einkommensideen in deiner Fremdsprache nachbilden. Unter der Annahme, dass du bereits weißt, wie man die richtigen Keywords oder Suchbegriffe findet, die du anpeilen möchtest, solltest du jedoch die Wettbewerbsfähigkeit der Keywords für beide Sprachen vergleichen, bevor du deine Entscheidung triffst. Möglicherweise musst du die Suchbegriffe noch ändern. Generell kannst du mit einer weiteren Sprache und relativ wenig Aufwand deine passiven Einnahmen verdoppeln.

►Wie viel kann ich verdienen?
In jedem Fall wirst du Zusatzeinnahmen haben. Die englische Übersetzung kann deine Einnahmen verdoppeln, da englisch in vielen Ländern Zweitsprache ist und damit generell unglaublich viele potentielle Kunden bringen kann.

►Wie hoch ist der Aufwand?
Beim Übersetzen deines Produktes entfällt zumindest die Erstellung und Planung, sowie die Produktsuche. Die Übersetzung wird dich beim Ebook jedoch fast genauso viel kosten, wie das deutsche Manuskript. Wogegen eine Webseite zu übersetzen weniger Arbeit und damit günstiger sein kann. Du musst dich auch in den Markt eines fremden Landes einfühlen und vorher feststellen, wie die Marktlage ist. Bedenke auch, dass du wieder Werbemaßnahmen ergreifen musst und überlege dir vorher, wie das am besten geht.

►Dauer bis zu ersten Einkommen?

Ich hatte bei den Ebooks von Anfang an Verkäufe aus England und Spanien. Wenn die Übersetzung steht, was je nach Aufwand ein bis drei Wochen dauern kann, ist zum Beispiel ein Ebook schnell auf dem englischen oder amerikanischen Markt veröffentlicht. Du musst das E-book noch einmal hochladen und auf der dritten Seite den primären Marktplatz ändern. Ab da kannst du theoretisch Geld verdienen. Bei einer Webseite ist oft schon eine zweite Sprache angelegt und kann leicht freigeschaltet werden.

24. Online Nischen Marktplatz

Online-Marktplätze decken eine große Nachfrage nach Menschen mit einem gewissen gemeinsamen Interesse aus der ganzen Welt ab. Diese typischen Websites ermöglichen es sowohl Einzelpersonen als auch Unternehmen, ihre Produkte oder Dienstleistungen für den Konsum in ihren Zielmärkten aufzulisten. Es ist ein Geschäftsmodell, bei dem viele Anbieter mit vielen Nutzern zusammengebracht werden und du an jeder Transaktion oder jedem Verkauf mitverdienst.

Denke an Airbnb für eine bestimmte Nische. Airbnb löste eine Revolution in der Art und Weise aus, wie Menschen Unterkünfte buchen. Dieses ähnliche Konzept ist für die Anwendung auf verschiedene Nischen im Internet vorgesehen.

Die Voraussetzung, um damit Erfolg zu haben, ist es die richtige Nische zu finden, das heißt den Fokus auf eine ganz spezielle Kundengruppe mit einem speziellen Problem zu richten und dafür eine geniale Lösung anzubieten.

Zum Beispiel suchen viele Hundebesitzer Unterkünfte oder Hotels, die sie mit ihren Lieblingen besuchen können. Warum nicht einen Marktplatz für hundefreundliche Unterkünfte im In-und Ausland gründen? Oder es gibt viele Leute, die an Weihnachten und anderen Feiertagen einsam sind. Wie groß wäre die Nachfrage, wenn sich in jeder Stadt gastfreundliche Singles fänden, die zwei bis fünf andere Singles zum gemeinsamen feiern aufnehmen? Auch die Vermittlung von Großeltern für Kleinkinder wäre eine Möglichkeit. Nenn dein Unternehmen zum Beispiel: „Rent a Gran " und du hast ein neues Geschäftsmodell.

Wenn du nachdenkst, was dir oder anderen in deiner Stadt fehlt, was ein dringendes Problem lösen könnte gibt es bestimmt viele Ideen, die du gewinnbringend umsetzen könntest. Frage in deinem Bekanntenkreis herum, was sich jeder wünschen würde und teste es aus.

Mit einem Nischenmarktplatz bietest du den Menschen eine Plattform, um ihr Problem zu lösen. Dafür wird zum Beispiel eine monatliche Gebühr oder eine Gebühr bei erfolgreicher Vermittlung fällig. Monatliche Fixgebühren sind lukrativer, da du dein passives Einkommen besser kalkulieren kannst.

Leitgedanke:
Du kannst deine eigene Online-Marktplatz-Website innerhalb weniger Stunden erstellen, entgegen dem Glauben, dass du ein Team von Entwicklern benötigst. Du kannst Werbeplattformen wie Facebook, Twitter und Instagram nutzen, um deinen Start zu promoten. Auch mit Hilfe von Instagram kannst du Kaltaquise betreiben. Versende eine Meldung an die Presse und peppe alles mit ein paar guten Fotos auf. Du verdienst Geld, indem du deinen Kunden eine monatliche Abonnementgebühr für die von dir gewählte Nische in Rechnung stellst oder per erfolgter Transaktion bezahlt wirst.
Mit dieser Software kannst du zum Beispiel einen Nischen Marktplatz erstellen
https://www.sharetribe.com

oder
https://marketplacer.com/

oder für Fortgeschrittene
https://www.near-me.com

►Wie viel kann ich verdienen?
Die Reichweite des möglichen Einkommens reicht hier von Null bis zu vielen tausend Euro. Nichts ist lukrativer als eine Abo-Gebühr, die monatlich eintrudelt. Wer sich einmal eingetragen hat, braucht meist lange, bis er wieder kündigt. Wenn dein Service stimmt und du ein dringendes Problem lösen kannst, steht deinem Erfolg nichts im Wege.
Nimm Airbnb als Beispiel. Sie fingen ganz klein an und sind mittlerweile eine Multi-Milliarden Dollar Firma.

►Wie hoch ist der Aufwand?
Anfangs kannst du klein starten und dich dann erst vergrößern. Du benötigst keine riesige Plattform, um zu starten, sondern kannst mit Social Media beginnen. Um es richtig groß und professionell aufzuziehen, wirst du jedoch mehr Geld investieren müssen.

►Dauer bis zu ersten Einkommen?

Du musst deine Idee prüfen und die Plattform erstellen. Zudem musst du erst Werbung machen und Kunden gewinnen. Ab den ersten zahlenden Kunden erwirtschaftest du Geld.

Passive Einkommensideen für Investments:

Wenn du etwas Geld angespart hast oder monatlich erübrigen kannst, brauchst du nur die richtige Anlagemöglichkeit, um dein Geld zu vermehren. Früher war das leicht möglich mit den Zinsen vom Sparbuch oder einem Cash Konto auf der Bank, Dividendenaktien oder Dividendenreinvestitionsplänen (DRIP) oder Investmentfonds. Aufgrund des kompletten Zinsverfalls bis hin zu Negativzinsen lohnen sich konservative Investments kaum noch. Du müsstest schon immens viel Geld übrighaben und da du dieses Buch gekauft hast, wird das eher nicht der Fall sein.

Wie können wir nun sinnvoll investieren?
Verschwende deine Zeit und deine Bemühungen niemals damit, große Summen deines Geldes für risikoarme und renditeschwache Anlageformen zu investieren. Genauso falsch wäre es auf volles Risiko zu setzen. Dann kann dein Geld auch ganz schnell weg sein. Prüfe jede Anlageform gründlich, bevor du dein schwer verdientes Geld in das falsche Unternehmen steckst.

Trotzdem gilt: Je höher das Risiko, desto größer kann der Gewinn sein.

Du kannst risikoreiche Investitionen auch mit einem kleineren Betrag testen, den du entbehren kannst. Es gibt Investitionsmöglichkeiten, die ähneln vom Risiko dem Lottospielen oder Pferdewetten. Wenn du zum Beispiel hundert Euro übrighast, kannst du statt Lotto mal ein Risikoinvest testen und das Ganze quasi als Spiel betrachten. Wenn es funktioniert, gut. Falls nicht, sei einfach darauf vorbereitet, dass dein Geld weg ist. Am Ende dieses Kapitels werde ich dir noch als Bonus ein Risikoinvest aufzeigen.

Wichtig: Investiere nur Geld, das du auch verlieren kannst, ohne dich zu ruinieren. Leihe dir niemals Geld, um es zu investieren. Du musst immer deine täglichen Ausgaben sicher finanzieren können, bevor du irgendein Risiko eingehst.

Ich zeige dir hier diverse Möglichkeiten auf, gebe aber keine Empfehlungen. Die Entscheidung und das Risiko, dein Geld zu investieren liegen allein in deiner Verantwortung.

25. Investment in Photovoltaik

Da Solaranlagen immer mehr in Mode kommen, liegt eine Investition in diese Anlagen nahe.
Es gibt nun zwei Möglichkeiten für dich:

A. Investment in fremde Anlagen.

B. Installation einer Solaranlage auf dem eigenen Dach

Wenn du dich für eine Fremdinvestition entschließt, bieten einige Firmen eine hohe Rendite von 5 bis 7 %. Die Einspeisevergütung für den Solarstrom ist gesetzlich für 20 Jahre abgesichert. Nach Ablauf der 20 Jahre bekommst du deine Investition zurück und profitierst weiterhin von dem erzeugten Strom. Auch kannst du dein Investment noch steuerlich geltend machen.

Vom Staat gefördert besteht auch die Möglichkeit das eigene Dach oder auch Teile deines Grundstücks zu vermieten oder zu verpachten, um dort von einer Solaranlage zu profitieren. Von einem Solaranlagenbetreiber wird das Dach kostenlos geprüft und die Anlage installiert. Ab da erhältst du eine monatliche Miete. Auch könntest du dein eigenes Warmwasser von der Solaranlage erwärmen lassen.

Die Rendite ist abhängig von der Größe des Daches und der Himmelsausrichtung oder natürlich von der verfügbaren Freifläche. Du kannst wählen, ob dir eine Einmalzahlung oder eine jährliche Zahlung über 20 Jahre lieber wäre.

►Wie viel kann ich verdienen?
Bei einer Dachfläche von etwa 700m und einer Ost/Westausrichtung etwa 13.000 Euro Einmalzahlung oder 21.000 Euro über 20 Jahre verteilt.

Bei einer fremden Solaranlage hängt es von der Höhe deiner Investition ab. Die Rendite beträgt in der Regel 5 bis 7% jährlich.

►Wie hoch ist der Aufwand?
Der Aufwand besteht im Kontakt eines geeigneten Anbieters für Solaranlagen. Dieser macht bei dir zuhause ein Aufmaß und gibt ein kostenloses Angebot ab. Eigene Kosten entstehen für dich bei der Montage der Anlage nicht.

Der Aufwand bei einer Fremdinvestition besteht nur in dem Abschluss eines Vertrages zur Finanzierung eines größeren Solarprojektes bei einem geeigneten Anbieter.

►Dauer bis zu ersten Einkommen?
Entweder gleich nach der Installation oder am Jahresende. Auch bei Investition in ein Solarprojekt wird jährlich ausgezahlt.

26. Lokale Geschäftspartnerschaft und Crowdfunding

Viele Geschäftsinhaber haben ein gut laufendes Unternehmen, aber es bleibt für eine Erweiterung des Unternehmens monatlich nicht genug Geld übrig.

So zum Beispiel geht es einer Bekannten von mir, die ein aufstrebendes kleines Modegeschäft mit eigenem Label betreibt, selbst designt und gerne mehr produzieren würde. Ihr ist es aber wichtig, die Kontrolle über die Stoffauswahl, ihren Stil und ihre Modelle zu behalten. Sie sucht eine stille Teilhaberschaft – jemand, der Geld investiert, am Gewinn beteiligt wird, aber kein Mitspracherecht hat. So etwas muss natürlich anwaltlich mit Vertrag geregelt werden.

Oft genügen hierbei einige tausend Euro, um wieder neuen Schwung, in diesem Fall durch günstigeren Mengeneinkauf und ein erweitertes Angebot in den Laden zu bringen und somit größeren Gewinn zu erzielen. Dieser Gewinn wird dann geteilt je nach vorheriger Absprache. Für die Rückzahlung deiner Investition wird auch vorher ein Zeitpunkt vereinbart.

Natürlich musst du dir vorher alle Jahresabschlüsse zeigen lassen und es sollte ein kluger Investmentplan vorliegen. Das Risiko, Geld zu verlieren, wird bei einem etablierten Unternehmen für dich relativ gering sein.

Der Gedanke ist, nach Geschäftsinhabern zu suchen, die bereits eine Nische in ihrer Branche erobert haben, während sie durch ihr bestehendes Geschäftsmodell Erfolg haben und nach Möglichkeiten suchen, ihre Geschäftstätigkeit auszuweiten.

Als Gegenleistung für die „stille " Zusammenarbeit mit den Unternehmen (indem du dein Geld für ihre Wachstumspläne einsetzt) erhältst du „Eigenkapital " – ein Eigentumsrecht an der Beteiligung an dem Unternehmen. Du kannst entscheiden, wieviel Kapital du investieren möchtest.

Crowdfunding

Wenn du kein Unternehmen findest, in das du gerne investieren möchtest, gibt es dafür auch Crowdfunding Plattformen, auf denen du junge Firmen findest, an denen du dich beteiligen kannst, ohne weiteren Arbeitsaufwand. Diese Firmen benötigen Kapital, um zu expandieren und werden von vielen Privatpersonen mit deren Kapital darin unterstützt. Es ist möglich, einfach online zu investieren. Vielleicht findest du das eine oder andere junge Startup interessant.

Zum Beispiel auf:

https://www.wiwin.de/ Rendite zwischen 4% und 7%

oder

https://www.startnext.com/

oder

https://www.greenrocket.de Rendite zwischen 6% und 8%

Leitgedanke:

Wenn du keinen Vertrag mit einem lokalen Unternehmen abschließt, achte beim Crowdfunding auf die jährliche Ausschüttung der Rendite.

Sei dir bewusst, dass die meisten dieser Unternehmen die Gewinne des Unternehmens am Jahresende beibehalten oder reinvestieren wollen; definitiv ist das nicht das, was dir guttut. Daher ist es wichtig sicherzustellen, dass du dein Geld in die richtigen Geschäftspartner investierst.

►Wie viel kann ich verdienen?

Pauschal ist ein genauer Betrag in diesem Bereich schwer zu definieren. Es kommt vor allem auf den Betrag, die Dauer und den Geschäftspartner an. Die meisten Renditen oder Zinsen belaufen sich zwischen 4% und 8% jährlich. Manchmal wird auch am Jahresende ein zusätzlicher Bonus von einigen Prozent ausgeschüttet.

Bei einem Investment in ein lokales Unternehmen kann dies selbstverständlich auch mehr sein. Falls du dein Geld allerdings eine Weile entbehren kannst, ist es definitiv sinnvoller, das Geld in eine solche stille Beteiligung zu investieren als es einfach nur auf dem Konto ruhen zu lassen.

►Wie hoch ist der Aufwand?

Der Aufwand ist gering. Dein Geld verdienst du hier durch das aufgenommene Risiko. Allerdings solltest du vor der Investition sicher sein, dass du dein Geld in den richtigen Geschäftspartner investierst. Deshalb liegt der größte Aufwand in der Analyse der möglichen Geschäftspartner und deren Unternehmen.

►Dauer bis zu ersten Einkommen?
Auch hier kommt es auf die Vereinbarung an, welche du mit deinem Partner geschlossen hast. Du solltest darauf achten, einen Investmentvertrag abzuschließen, bei dem deine Rendite jährlich ausgezahlt wird.

27.Investition in Whisky

Eine ganz andere Art von physischer Investition ist das Sammeln von Whisky. Durch die Nullzinspolitik suchen viele Anleger alternative Anlageformen und warum nicht mal etwas Exotisches.

Unter Whisky kann sich jeder etwas vorstellen und die Nachfrage nach hochwertigen Sorten hat immer mehr zugenommen. Das Angebot ist jedoch rückläufig, der in den letzten Jahren nicht mehr so viel produziert wurde. Somit steigt der Preis weiter an. Es geht hier auch nicht um jede Art von Whisky, sondern um schottischen Single Malt Whisky. Dieser Whisky hat auch eine bestimmte Reifezeit von 10 bis 15 Jahren zu durchlaufen, was bedeutet, dass nicht von heute auf morgen nachproduziert werden kann.

Da die Destillerien wegen der großen Nachfrage jedoch schneller Whisky verkaufen möchten, wird häufig eine kürzere Produktionszeit geplant, die nicht mehr zu dem Original Scotch Single Malt Whisky führt, der Minimum drei und einen Tag in alten Holzfässern reifen muss. Auch aus diesem Grund droht bald eine Verknappung.

In naher Zunkunft wird es also sehr schwierig sein, diesen Liebhaberwhisky regulär kaufen zu können.

Der Sammlermarkt boomt inzwischen und Preise im sechsstelligen Bereich bei Auktionen sind keine Seltenheit mehr.Wenn das für dich interessant ist, konzentriere dich auf alte und seltene Whiskymarken, am besten vor 1975. Geeignet für Investitionen sind Limited Editions, Preise ab 100 Euro, Orginalabfüllungen und Spitzenwhiskys mit goldenem Stern.

Kaufe Whisky nicht auf Onlineauktionen oder im Internet. Lass dich am besten in spezialisierten Geschäften beraten.

Und das Risiko?

Die Investion in Whisky wird nie im Totalverlust enden, da sich immer ein Käufer für einen guten alten Whisky finden. Im schlimmsten Fall kannst du den edlen Tropfen immer noch trinken.

►Wie viel kann ich verdienen?

Pauschal ist ein genauer Betrag in diesem Bereich schwer zu definieren. Es kommt darauf an, welchen Whisky und zu welchem Preis du ihn einkaufst. Zudem musst du ihn gut lagern und auf steigende Preise setzen.

►Wie hoch ist der Aufwand?

Die Suche nach einem guten, teuren Whisky sollte dir auch Spaß bereiten. Wahrscheinlich ist die Recherche danach der größte Aufwand plus die Kosten der Anschaffung.

►Dauer bis zu ersten Einkommen?

Hier kommt es darauf an, wieviel Geduld du hast. Dies ist bestimmt keine Investition für das schnelle Geld.

28. Immobilien Investment

Diese Methode für einen Einkommensstrom ist wahrscheinlich auch die bekannteste Methode, um ein passives Einkommen zu generieren.

Durch den Kauf und die Vermietung einer Immobilie erhältst du regelmäßig passive Einnahmen. Einnahmen, die in der Regel immer wieder kommen und bei denen du zunächst einmal keine Zeit mehr investieren musst.

Bei dieser Methode musst du jedoch wissen, dass du in der Regel laufende Kosten hast; diese entstehen zum Beispiel für die Wohngebäudeversicherung, oder Steuern, die anfallen, es müssen auch ab und an Wartungen an der Immobilie durchgeführt werden. Die Kosten können zum Teil auf die Mieter durch die Nebenkosten übertragen werden, einen Teil wirst du aber übernehmen müssen.

Jetzt denkst du bestimmt, dass das nichts für dich ist, weil du nicht so viel Startkapital hast. Doch halt: Du musst nicht gleich an die Villa denken- es gibt auch kleine, günstige Gebrauchtimmobilien, die man nur finden muss.

Ein bisschen Startkapital solltest du natürlich haben, aber in der heutigen Zeit sind die Zinsen ja sehr günstig-teilweise sogar unter 1%, so dass die monatliche Belastung unglaublich gering ausfallen wird.

Wie startest du also am besten? Es hängt nun natürlich davon ab, wo du wohnst- in bestimmten Großstädten sind die Immobilienpreise so in die Höhe gegangen, dass es sich nicht lohnt, dort als Anfänger eine Immobilie zu erwerben. Trotzdem ist eine gute Lage ausschlaggebend. Es nützt nichts, eine unglaublich günstige Wohnung zu kaufen, die sich nicht vermieten lässt.

Bei einem guten Standort ist der Kaufpreis deiner Immobilie in einem guten Verhältnis zu dem Mietertrag, den du bekommst. Zudem sollte die Lage begehrt sein und es sollten sich genug Arbeitsplätze oder zum Beispiel eine Hochschule oder Universität in der Nähe befinden. Schau dir zudem die Kauf und Mietpreise an. Beachte auch die Mietpreisentwicklung. Auf einigen Immobilienseiten wie zum Beispiel Immoscout24 kann man sich über die verschiedenen Regionen informieren.

Ich persönlich habe mit Immobilien gute Erfahrungen gemacht, es gibt aber viele Parameter, die man bei dieser Investitionsmöglichkeit in Betracht ziehen muss.

So ist der Standort das A und O beim Immobilienkauf, die Bausubstanz ist wichtig und auch die Lage innerhalb der Stadt.

Risiken sind überall gegeben und der falsche Standort kann bewirken, dass eine Vermietung deiner Immobilie nahezu unmöglich ist.

Dennoch sind Immobilien unter anderem die sichersten Zufluchtsorte, um deine Gelder zu investieren und einen stetigen Fluss an passivem Einkommen zu erzielen. Wenn in diesem Abschnitt von Immobilieninvestitionen die Rede ist, geht es insbesondere um den Kauf von Mietobjekten.

Ähnlich wie bei den zuvor diskutierten Fonds-Investmentprogrammen ist dies eine weitere passive Einkommensidee, die erfordert, dass du das Thema gut verstehst und deine Hausaufgaben machst, um erfolgreich zu sein. Die meisten Menschen haben jedoch weder die Zeit noch die Leidenschaft, tiefer in die Bereiche und den Markt der Immobilienwirtschaft einzudringen. Wenn du also einer dieser Leute bist, kannst du dein Geld stattdessen bei den erfahrenen Leuten anlegen, die sich tatsächlich in die Immobilienbranche wagen.

Diese Leute besitzen die entsprechenden finanziellen Fähigkeiten, Ausbildung, eine Reihe von Leistungen und Erfahrungen, um dir zu helfen, in die besten Immobiliendeals zu investieren. Wenn du es weiterhin selbst tust, erfordert der Erfolg bei der Investition in Mietimmobilien auch, dass du mit den folgenden Dingen vollständig vertraut bist:

- Die Suche nach den idealen Immobilien-Mietimmobilien
- Die Suche nach den geeigneten Mietern
- Das Erlernen der Verwendung der Gelder oder Kredite von der Bank

Die Nutzung von Bankkapital sowie der Mieteinnahmen ist der beste Weg, um das eigene Geld zu investieren. Dies wird dir dabei helfen, deinen Cashflow zu erhöhen und zu optimieren.

Versuche das folgende Beispiel zu verinnerlichen: Sagen wir, du hast 200.000 Euro bereit, um in fünf Mietobjekte zu investieren. Du kannst ein gutes Darlehen deiner Bank für die Hypothek der beabsichtigten Mietobjekte mit einer Anzahlung von 20% verwenden. Alternativ kannst du eine einzelne Immobilie in bar kaufen oder alle fünf Mietobjekte mit einer Anzahlung von 20% (das heißt je 40.000 Euro) kaufen.

Du vermietest diese Immobilien dann für 1.500 Euro pro Monat. Basierend auf dem vorherrschenden Mindestzinssatz von 5% für Privatkredite, würde deine Kreditrückzahlung ungefähr 1.100 Euro pro Monat betragen. Das wäre ein einfacher Cashflow von 400 Euro pro Monat aus jeder Immobilie, welcher bis zu 2.000 Euro pro Monat und 24.000 Euro pro Jahr an passivem Einkommen beträgt.

Da hier größere Summen investiert werden müssen, lässt sich das Thema natürlich nicht in ein paar Sätzen abhandeln. Ich empfehle für alle mit wirklichem Interesse:

https://www.immocation.de/

Die zwei Geschäftsführer haben mit ihrer Immobilienberatung eine super Basis und Informationsquelle eingerichtet gerade für günstige Gebrauchtimmobilien. Auch auf Youtube sind sie mit sehr informativen Videos vertreten.

Wie in jedem Business Modell ist es wichtig, dass man von erfolgreichen Personen lernt.

Leitgedanke:
Das sind alles vereinfachte Zahlen und es gibt noch eine ganze Menge mehr zu beachten. Dies gibt dir jedoch eine gute Einschätzung deiner erwarteten Kapitalrendite aus Buy-to-Lease-Investitionen (kaufen und vermieten). Wenn du es auf die richtige Art und Weise oder mit der richtigen Anleitung durch erfahrene Personen durchführst, kannst du dir einen langfristigen passiven Einkommensfluss aus deinem Immobiliengeschäft sichern. Andernfalls könntest du leicht Geld verlieren – besonders, wenn du keine eigenen Recherchen und Hausaufgaben machst.

►Wie viel kann ich verdienen?
Die meisten Millionäre sind Immobilienmillionäre. Du erkennst also das Erfolgspotenzial dieser Investitionsmöglichkeit. Abhängig von Anzahl, Miethöhe und Lage der Wohneinheiten kannst du zwischen einigen hundert Euros und mehreren Millionen Euros rechnen.

►Wie hoch ist der Aufwand?
Der Aufwand ist definitiv nicht zu unterschätzen. Du solltest du natürlich bewusst sein, dass du keine Millio-

nen verdienen wirst wenn du nichts tust. Falls du in diesem Bereich der Immobilien investieren möchtest, solltest du dich vorher genauestens in das Fachgebiet einlesen. Wenn du das nicht tust, wirst du womöglich wichtige Dinge falsch machen oder außer Acht lassen und durch diese Fehler viel Geld verlieren. Weiterhin musst du die Mietwohnungen stets vor Ort angucken, bevor du diese kaufst. Außerdem kostet auch die Instandhaltung Zeit und Mühe, wenn kein Mitarbeiter eingestellt wird. In Wohnungen gehen täglich Rohre, Fenster oder Türen kaputt und du, als Vermieter, musst dich darum kümmern.

►Dauer bis zu ersten Einkommen?

Falls du dich bereits in das Thema eingelesen hast und deine erste Wohnung gekauft und renoviert hast, gilt es nun neue Mieter zu finden. Hast du diese auch bereits, bekommst du am Anfang jedes Monats dein Geld auf dein Konto überwiesen. Allerdings sind die vorher genannten Schritte nicht zu unterschätzen und können viel Zeit beanspruchen. Dafür sind die Einnahmechancen allerdings gigantisch.

29. Real Estate Investment Trust (REIT)

Nach dem Vorbild des „Investmentfonds " Modells – einem professionell verwalteten Investitionsprogramm, bei dem die Aktionäre es finanzieren und mit diversifizierten Beteiligungen handeln – ist ein REIT ein Unternehmen, das Immobilien besitzt, finanziert und betreibt, die Erträge erwirtschaften. Es bietet dir die Möglichkeit, Eigentum an Wohnanlagen, Häusern und anderen Wohn-/Gewerbeobjekten zu erwerben. Obwohl die Renditen nicht so hoch sind, wie du vielleicht erwarten würdest, bietet ein REIT mehr Vorteile als herkömmliche Anlageformen. REITs haben zwei Hauptkategorien:

- Eigenkapital REIT – ermöglicht es dir, Immobilien zu besitzen und gleichzeitig Einnahmen zu erzielen, indem du sie vermietest.

- Hypotheken-REIT – ermöglicht es dir, Hypotheken zu besitzen, indem du sie von Geldgebern kaufst und Mittel für Hypotheken bereitstellst. Deine Einnahmen ergeben sich aus den Zinsen für Hypothekendarlehen. Ein REIT ist eine zuverlässige und sichere Wahl für die Anlage deines Kapitals, da er folgende Punkte beinhaltet:

- Regelmäßige Dividenden Für Aktionäre – wie vom Gesetzgeber vorgeschrieben, halten REITs eine „Dividendenausschüttungsquote " aufrecht – der von den Aktionären erzielte Betrag im Verhältnis zu 90% des versteuerten Gewinns der Gesellschaft.

- Geringere Schwankungen – ein REIT verfügt über eine starke und stabile Marktentwicklung, um langfristige Aktien zu gewinnen und vor Inflationen zu schützen.

- Geringere Besteuerung – ein REIT zahlt keine Steuern auf die Dividenden.

- Geringere Kapitalkosten – die meisten REITs erfordern nur ein Minimum von 500 Euro, um mit der Investition zu beginnen.

Leitgedanke:
Meistens zahlen die REITs monatlich Dividenden an ihre Aktionäre; die typische Kapitalrendite liegt zwischen 4% und 7%. Bei einer jährlichen Rendite von 6% für eine Investition von 5.000 Euro bedeutet das einen monatlichen Gewinn von 25 Euro. Daher musst du riesige Summen investieren, damit du etwas genießen kannst, das sich in der unmittelbaren Nähe einer angemessenen Rendite befindet. REITs bieten einen einfachen Zugang

zu Immobilienanlagen. Sie verlangen fast keine Arbeit, im Gegensatz zu einer direkten Investition in Immobilien selbst. Auf der anderen Seite der Medaille würdest du nicht so viel Geld verdienen, wie du vielleicht wahrnimmst.

►Wie viel kann ich verdienen?
Die Verdienstmöglichkeiten liegen wie beschrieben eher im unteren Bereich. Dafür hast du nur wenig Aufwand und kannst bereits mit einem kleinen Beitrag dein Investment tätigen. Da du für eine Investition von 5.000 Euro 25 Euro im Monat erhältst, kannst du dir ausrechnen wie viel Geld du investieren müsstest, um mehr zu verdienen.

►Wie hoch ist der Aufwand?
Der Aufwand ist gering, was auch die niedrige Einkommensmöglichkeit rechtfertigt. Du musst dich nicht selbst um die Immobilien, die Renovierungen und die Mieter kümmern und erhältst dennoch deine monatlichen Einnahmen.

►Dauer bis zu ersten Einkommen?
Hier funktioniert das Ganze etwas schneller. Da dein Aufwand vermindert wird und du nur dein Geld abge-

ben musst, erhältst du dein Geld normalerweise bei der monatlichen Dividendenausschüttung.

30.Investment in Parkhäuser - Flughafenparkplatz

Eine ungewöhnliche Investition, bei der sich so mancher fragt: Ist sowas für eine einzelne Person lukrativ?

Unter dem Motto: Geparkt wird immer " liegt der Grundgedanke nah in Parkplätze zu investieren. Vor allem bei zunehmender Knappheit von Parkmöglichkeiten in der Innenstadt fährt fast jeder sofort ins Parkhaus.

Am besten ist in diesem Fall in einen Parkhausfond zu investieren. Wichtig sind wie bei generell allen Immobilien die Lage und der Zustand der Parkhäuser. Schäden an Böden, Rampen oder der Parkhaustechnik können schnell Unsummen verschlingen und jeglichen Gewinn zu Nichte machen. Lukrativ sind Parkhäuser in der Innenstadt oder an frequentierten Orten wie Bahnhöfen oder Flughäfen. Eine Bruttorendite von 4,5% bis zu 5,5% ist möglich.

Ein Fond dafür wäre zum Beispiel der Bouwfonds European Real Estate Parking Fund IV für Investitionen in Parkhausimmobilien, an dem sich auch Privatanleger beteiligen können.

Die Flughafen-Parkplatzbranche erzielt dabei sogar eine höhere Rendite – in einigen Fällen bis zu 12% oder mehr.

So sind Investitionen in den Flughafen-Parkraumsektor zu einem sichereren, reichhaltigeren und tragfähigeren Weg geworden, um dein Geld einzusetzen – denn die Luftfahrtindustrie, insbesondere in Großbritannien, wächst und gewinnt weiter an Dynamik, ohne Anzeichen einer Verlangsamung zu zeigen. Der Erfolg ist vor allem dann gegeben, wenn du die Skalierbarkeit in Bezug auf die Erschließung neuer Parkplätze auf mehreren Flughäfen hast.

Leitgedanke: Die Menschen verstehen die Notwendigkeit des Parkens, insbesondere in Top-Immobilien und belebten Lagen. Eigentlich ist das Konzept einfach; du brauchst keine Zeit zu verschwenden, um das Rad neu zu erfinden. Diese Investitionsform beinhaltet die Übernahme eines Vermögenswertes, der nur einfache Aufgaben erfordert und anschließend die Wertsteigerung der Immobilie oder des Parkhauses durch eine regelmäßige Wartung oder Sanierung. Bei der Wahl der richtigen Parkrauminvestition ist es wichtig, die Standorte mit der entsprechenden Anzahl von Stellplätzen und eine bestehende Baugenehmigung des Bauherrn oder des Flughafenmanagements zu berücksichtigen. Ein großer Vorteil dieser Art von Investition ist, dass sie nicht verlangt, dass du unglaubliche Mengen an Geld aufbringst. Typischerweise würde eine Anfangsinvestition für einen einzelnen Parkplatz mehr oder weniger 30.000 Euro betragen. Für eine Rendite von mehr als 12% kannst du sicher sein, dass du ein Minimum von 300 Euro pro Monat verdienst, indem du nichts tust.

Was wäre, wenn du mehr Plätze hättest? Als Investor erzielst du in den ersten Jahren eine feste Rendite. Danach kannst du in ein System übergehen, bei dem du zu gleichen Teilen an allen Gewinnen des gesamten Parkplatzes beteiligt bist. Ähnlich wie bei einer Investition in Immobilien oder dem Kauf einer anderen Immobilie besitzt du bei der Investition den Parkplatz oder mehrere Parkplätze vollständig. Du erhältst eine Eigentumsurkunde, die deine absolute Garantie für das Eigentum an den Immobilien wird.

►Wie viel kann ich verdienen?

Da die Parkplätze zur Miete sehr teuer sind, stehen die Chancen für ein gutes Einkommen recht hoch. Letztendlich ist der ausschlaggebende Punkt die Anzahl der Parkplätze, sowie die Nutzung der Plätze. Da Flughäfen jedoch häufig genutzte Orte sind und es meist wenige

freie Parkplätze gibt, dürften sich hierbei mindestens einige hundert Euro im Monat verdienen lassen.
In einem Parkplatzfond gibt es Durchschnittsrenditen bis zu 5,5%.

►Wie hoch ist der Aufwand?
Der Aufwand ist sehr gering, wenn es sich um einen Fond handelt. Du musst dich einzig und allein um den Kauf des Parkplatzes sorgen und einige kleine Instandhaltungen durchführen. Dein Geld musst du selbstverständlich durch den Kauf abgeben, was somit deinen kommenden Verdienst rechtfertigt.

►Dauer bis zu ersten Einkommen?
Die Dauer bis zu deinem ersten Einkommen dürfte relativ kurz sein. Nach der Übergabe des Parkplatzes kommt es nur darauf an wann der erste Kunde auf dem Platz erscheint. Da dass bei einem Flughafen rund um die Uhr der Fall ist, sollte auch das erste Einkommen nicht lange auf sich warten lassen.

31. Vermietung eigener Stell- oder Parkplätze in der Innenstadt

Hier musst du auch kein Geld investieren, sondern kannst durch eine Registrierung sofort an deinem Parkplatz verdienen. Die Vermietung des eigenen Stellplatzes oder Parkplatzes in einer begehrten Citylage in acht deutschen Großstädten ist ein neues Geschäftsmodell einer Kölner Firma. Privatbesitzer können ihren Platz dort registrieren lassen und weitervermieten. Das geht ganz kurzfristig und auch tage- oder monatsweise. Die Verfügbarkeit und die Parkgebühr legt man selber fest. Das kann sehr praktisch sein, wenn du zum Beispiel tagsüber nicht da bist oder für einige Zeit in Urlaub fährst.

https://www.ampido.com/about

►Wie viel kann ich verdienen?
Es kommt auf die Lage deines Parkplatzes an und auf die Dauer der Vermietung. In der City von München oder Hamburg kannst du weit mehr verlangen und die Chancen sind größer Mieter zu finden als auf dem Land, wo es genug Parkplätze gibt.

►Wie hoch ist der Aufwand?
Der Aufwand ist gering. Außer einem Inserat musst du nur die freien Termine einstellen und die Geldeingänge überprüfen.

►Dauer bis zu ersten Einkommen?
Ab dem ersten Mieter wirst du Geld verdienen.

32. Schiffscontainer Investment

Vor kurzem erzählte mir eine gute Bekannte von ihrem Schiffscontainerinvestment. Ich fand das sehr interessant und forschte etwas nach. Tatsächlich ist es möglich in einen Fond mit Containeranteilen zu investieren. Diese versprechen gute Rendite von bis zu 4,5%.

Du kannst dich in zwei Formen an Schiffscontainern beteiligen.

A. Bei einer Direktanlage kannst du einen oder mehrere Container kaufen.
B. Durch Beteiligung an einem Portfolio bist du mit anderen Investoren an verschiedenen Containern

beteiligt. Dadurch wird für dich das Risiko auch geringer.

Generell wächst der Bedarf an Containern ständig.Während einer vereinbarten Laufzeit erhältst du monatliche oder vierteljährliche Mietzahlungen. Eine Rendite von bis zu 4,5 % ist üblich. Nach Ablauf der vereinbarten Laufzeit hat der Container durch die Nutzung an Wert verloren, so dass normalerweise nicht das komplette Investment wieder ausgezahlt wird. Die Laufzeiten betragen üblicherweise zwei bis zehn Jahre. Einen eigenen Container kannst du für etwa 11.000 Euro erwerben und vermieten. Diese Container werden auch für den Schienen- und Bahnverkehr eingesetzt. Meist bist du nur der rechtliche Eigentümer und die Containerfirma sorgt für die wirtschaftliche Nutzung.

Du kannst ihn auch wieder verkaufen, für provisorische Büros auf Baustellen vermieten oder umfunktionieren als Behausung. Voll im Trend sind sogenannte Tiny House Wohnungen, bei denen aus einem alten Container eine attraktive Miniwohnung entsteht. Natürlich mit weiterem Investment. Diese Tiny Houses werden oft für 40.000 bis 80,000 Euro inklusive Einrichtung verkauft.
Anbieter sind zum Beispiel:

https://www.buss-capital.de

oder
https://www.solvium-capital.de/

►Wie viel kann ich verdienen?
Du verdienst den vereinbarten jährlichen Prozentsatz. Am Ende der Laufzeit kannst du bei einem Direktinvestment deinen Container verkaufen oder weiter vermieten.

►Wie hoch ist der Aufwand?
Dadurch, dass du alles über das Internet abwickeln kannst, dich nur für eine der beiden Investmentformen entscheiden musst und dann nur auf deine Rendite wartest, sehr gering.

►Dauer bis zu ersten Einkommen?
Mindestens ein Jahr.

33. Lagerraumvermietung

Bei diesem Geschäftsmodell musst du keine Investition tätigen und erhältst dennoch dein Geld. Allerdings musst du etwas Platz auf deinem Grundstück entbehren können. Die Voraussetzung für die Umsetzung dieser Idee ist ein eigenes Grundstück mit einem leerstehenden oder unbenutzten Raum.

Viele Menschen haben viel zu viele Dinge in ihrem Haus oder ihrer Wohnung, oder sie müssen durch den Tod eines Elternteils eine Wohnung räumen und wollen nicht gleich alles wegwerfen.

Wohin also damit? Die Lösung ist, einen kleinen oder größeren Raum anzumieten und die Sachen zwischenzulagern. Und hier kommst du, bzw. dein Raum, ins Spiel. Hast du beispielweise eine freistehende Garage? Es gibt auch Leute, die beispielsweise für einen Oldtimer über Winter ein trockenes Plätzchen suchen. Vielleicht gibt es eine leere Scheune? Oder ein abschließbares Gartenhaus oder einen trockenen Keller für überzählige Möbel.

Hier kannst du deinen freien Platz inserieren auf Anfragen warten: https://platzportal.de/ oder https://www.storagebook.de/ in acht deutschen Großstädten.

►Wie viel kann ich verdienen?
Deine Einnahmenchancen kommen auf die Anzahl deiner Räume, deine Stadt und die Größe deines Raumes an. Durchschnittlich kostet 1 qm in Berlin zwischen 25€ - 50€. Flächen mit etwa 20 qm werden allerdings teilweise schon ab 250 € monatlich abgegeben. Die Einnahme-

chancen liegen hier also recht gut und du kannst ohne weitere Arbeit einige hundert Euro im Monat verdienen.

►Wie hoch ist der Aufwand?
Der Aufwand ist sehr gering. Du musst eigentlich nichts machen außer deinen Raum etwas sauber zu machen und restliche Dinge heraus zu räumen. Anschließend stellst du deinen Raum online und wartest auf Anfragen.

►Dauer bis zu ersten Einkommen?
Das kommt auf die Dauer bis zur ersten Anfrage an. Nachdem du deinen Raum online gestellt hast, musst du abwarten. Wenn die erste Anfrage kommt, erhältst du auch direkt dein Geld.

34. Kurzfristige Vermietung von Unterkünften

Ist dir schon einmal aufgefallen, dass du viele deiner Zimmer in deinem Haus oder deiner Wohnung überhaupt nicht nutzt? Möglicherweise wohnst du sogar in einer sehr begehrten Stadt, in der sich viele Touristen sehen lassen. Das Geld liegt dann sozusagen vor deiner Nase. Wenn du keine Probleme damit hast deine Wohnung oder dein Haus mit einem Fremden zu teilen, kannst du dir hiermit ein schönes passives Einkommen verdienen.

Dank modernen Plattformen wie AirBnB kann jede Privatperson in das Immobiliengeschäft einsteigen. Die Touristen von heute verzichten mehr und mehr auf Pauschalurlaube, Reisebüros und sogar Hotels. Aus diesem Grund ist das Prinzip Homesharing auch so beliebt. Die Vorteile liegen hierbei auf beiden Seiten. Der Vermieter (also wir) verdienen uns zusätzlich etwas Geld dazu und lernen Menschen aus anderen Ländern oder Städten kennen.

Die Reisenden lernen die Stadt und das Land auf authentische Weise kennen bekommen möglichweise sogar einige Insider-Tipps von uns. Sie leben direkt in der Stadt und im Leben eines Einheimischen. Das ist es, was dieses neue Konzept so beliebt und bekannt macht. Und aus diesem Grund können auch wir uns etwas Geld dazu verdienen, indem wir in diesem Konzept partizipieren. Du stellst einfach einige Bilder deines freistehenden, aber eingerichteten, Zimmers auf AirBnb und schreibst etwas über dich und dein Haus oder deine Wohnung auf. Nun wartest du auf erste Anfragen und es kann losgehen.

►Wie viel kann ich verdienen?

Das liegt ganz an deiner Stadt und an deiner Wohnung/ deinem Haus. Natürlich ist Berlin gefragter als ein kleiner Ort in Bayern. Aus diesem Grund kann man für eine Wohnung in Berlin auch deutlich mehr verlangen als für einen anderen Ort. Falls du viele Anfragen hast und regelmäßig Leute bei dir übernachten, kannst du dich gerne auf Einnahmen im 3- oder 4-stelligen Bereich gefasst machen. Manche Personen verdienen sogar noch deutlich mehr mit ihren Wohneinheiten, hier kommt es allerdings tatsächlich stark auf Lage und Immobilie an.

►Wie hoch ist der Aufwand?

Relativ gering. Dein Verdienst wird hier durch das Teilen der Wohnung mit Fremden gerechtfertigt. Deine Aufgaben bestehen im Grunde aus dem Online stellen deines Raumes und der Kommunikation mit deinen neuen Mitbewohnern. Zudem musst du das Zimmer vor der Ankunft sauber machen und auch danach für die Reinigung sorgen. Das ist allerdings meist schnell erledigt und ist für die guten Einnahmen gerechtfertigt.

►Dauer bis zu ersten Einkommen?

Wenn du in einer beliebten Stadt wohnst, nicht lange. Wenn du in einem kleinen Dorf wohnst, in das nur wenige Besucher kommen, lange. Wie du siehst liegt es ganz an deiner Umgebung und an deinem Haus. Wohnst du jedoch in einer angesagten Gegend sollte deine Wohnung in wenigen Wochen die ersten Gewinne einbringen.

35. Privates Carsharing

Wenn du dein Auto so gut wie nie benutzt, es nicht brauchst und es sowieso nur den ganzen Tag in der Garage rum steht, wieso dann nicht auch Geld damit verdienen?

Es gibt viele Personen, die ab und an ein Auto benötigen, sich aber nicht extra eines kaufen möchten. Sie brauchen es nur an einem bestimmten Tag, für einige Stunden oder für eine Woche. Sie zahlen gerne dafür. Zudem entlastet es die Umwelt, wenn nicht jeder ein eigenes Auto besitzt.

Auf einer der Carsharing Plattformen ist es für Privatleute möglich, sein eigenes Auto anzubieten oder ein geeignetes Auto für kurze oder längere Zeit zu mieten. Meistens erhalten die Kunden das Auto auch im Schnitt um 25% günstiger als bei einem regulären Autovermieter.

Wie funktioniert es?
Du registrierst dich mit deinem Auto auf einer der Plattformen und gibst an, wann dein Auto verfügbar ist. Du stellst ein Foto plus kurze Beschreibung ein und wartest auf Anfragen von interessierten Kunden. Auf der Plattform kann man zusätzlich verschiedene Pakete wie Sachschadenschutz, Haftpflichtversicherung und Pannendienst buchen.

Bei einer Buchung triffst du dich mit deinem Mieter und übergibst ihm den Schlüssel und dein Auto. Weitere Bedingungen ergeben sich aus den AGB auf der Plattform. Das Geld erhältst du direkt auf dein Bankkonto, je nachdem wie lange dein Kunde das Auto mietet. Dein Auto kannst du je nach Marke und Typ ab etwa 40€ pro Tag vermieten. Wenn du dein Auto also sowieso nicht nutzt, wieso nicht passiv Geld damit verdienen?

Dein eigenes Auto an andere Privatpersonen zu vermieten funktioniert zum Beispiel mit:
https://turo.com/de-de

oder
https://www.smarticular.ne

oder
https://www.snappcar.de/

oder
https://get-a-way.com/

►Wie viel kann ich verdienen?
Realistisch sind einige Hundert Euro pro Monat. Wenn du dein Auto für etwa 50€ pro Tag vermietest und ein Kunde es für eine Woche mietet hast du bereits 350€. Wenn dein Auto öfter gebucht wird verdienst du natürlich mehr, wenn nicht, dann weniger.

►Wie hoch ist der Aufwand?
Du hast überhaupt keinen Aufwand außer der Schlüsselübergabe. Dafür ist der Verdienst also wirklich nicht schlecht.

►Dauer bis zu ersten Einkommen?
Das kommt auf dein Auto, deine Stadt und die Jahreszeit an. Bietest du ein Cabriolet im Sommer an wird es sicherlich nicht lange dauern bis ein Interessent anfragt. Im Winter können die Anfragen eventuell etwas abflachen. Oft musst du einige Wochen Geduld haben, bis du die ersten Euros verdienst.

36. Autowerbung

Um beim Auto zu bleiben, gibt es noch eine gute Möglichkeit, um damit passiv Geld zu verdienen. Du kannst dein Auto als Werbefläche vermieten. Es sollte jedoch nicht älter als 10 Jahre sein. Verdient werden 100 bis 300 Euro pro Monat.

Und so funktioniert es:
Du meldest dich mit deinem Auto auf einem der Portale an. Wenn du in einer größeren Stadt wohnst und viel herumfährst, hast du sicher mehr Chancen, einen Werbevertrag von mindestens einem Monat zu erhalten. Die Plattformbetreiber melden sich bei dir und machen dir ein Angebot. Wenn du zustimmst, wird dein Auto für die Werbezeit professionell foliert und eingeschweisst. Nach Ende der Kampagne wird die Folie wieder rückstandslos entfernt.

Das funktioniert zum Beispiel mit:
https://wrapclub.de/ oder https://www.auto-werbeservice.de/ oder in der Schweiz:
http://www.drive4cash.ch

Wieviel kann ich verdienen?
Pro Monat kannst du bis 300 Euro passiv verdienen.

Wie hoch ist der Aufwand?

Im Prinzip musst du dich nur bei der Werbefirma registrieren, die Vorrausetzungen erfüllen und dein Auto bekleben lassen beziehungsweise am Ende der Laufzeit die Folie wieder entfernen lassen. Wenn die Firma zufrieden ist, gibt es weitere Werbeaufträge.

Dauer bis zum ersten Einkommen?

Du wirst das vereinbarte Honorar monatlich oder zum Ende der Werbelaufzeit erhalten.

37. Peer-to-Peer Kredit

Es gibt Online Kreditmarktplätze, auf denen auch ein privater Anleger direkt in ein ausgewähltes Projekt investieren kann, ohne dass eine Bank mit im Spiel ist.

Dadurch bekommen auch Kreditnehmer, die für ihr Projekt bei der Bank kein Geld erhalten würden, die Chance zum Beispiel ein Lieblingsprojekt zu finanzieren.

Dieses gilt auch für finanzielle Engpässe, für Wohnungsrenovierungen, Hochzeiten und so weiter. Je detaillierter der Kreditnehmer sein Anliegen schildert und zudem eine große Chance auf Rückzahlung in Aussicht stellt, desto eher findet er private Kreditgeber, die ihn bei seinem Vorhaben unterstützen möchten. Voraussetzung sind Volljährigkeit, ein regelmäßiges Einkommen und ein deutscher Wohnsitz.

Ein Kreditgeber kann bereits ab 25 Euro in die Finanzierung einsteigen und bestimmen, wie lange seine Finanzierung läuft.

Die Plattform behält eine geringe Summe, meist einen kleinen Betrag oder ein bis zwei Prozent als Bezahlung.

Zinssätze

Einer der größten Vorteile für die Kreditnehmer ist, dass die Kreditzinsen niedriger sein werden als bei einer Bank. Das lockt viele Kreditnehmer an – das bedeutet, dass du viel Potenzial haben könntest, um Geld zu verdienen. Der Vorteil für dich als Kapitalgeber ist, dass es im Vergleich zu anderen Anlagen und Sparkonten eine höhere Rendite gibt. Du kannst eine Rendite bis zu 12% erhalten.

Sozial bewusst

Dies ist eine Möglichkeit für Investoren, nicht nur gutes Geld zu verdienen, sondern auch anderen zu helfen, die in Not sind. Du gibst Kreditnehmern eine Chance, die sonst keinen Kredit von der Bank erhalten hätten und verdienst gleichzeitig Geld.

Kreditrisiko

Diejenigen, die sich für Peer-to-Peer-Kredite entscheiden, werden oft von einer Bank oder einer anderen Option wegen ihrer Bonitätsbewertungen abgelehnt. Das ist etwas, worauf du achten musst. Denn die vergangene Leistung ist oft ein Indikator für die zukünftige Leistung.

Wenn jemand seine Rechnungen in der Vergangenheit nicht bezahlt hat, wer kann dir dann versichern, dass er sie in der Zukunft bezahlen wird? Wirf einen Blick auf die bisherige Kreditvergangenheit und stelle fest, ob es eine gute Idee ist, in die Person zu investieren und ob du dein Geld zurückbekommst.

Schutz durch die Regierung

Im Gegensatz zu Banken und anderen Kreditinstituten wirst du keinen Schutz von der Regierung erhalten, wenn das Darlehen ausfällt. Das bedeutet, dass das gesamte Risiko auf deinen Schultern lastet und wenn die

Person es dir nicht zurückzahlt, bleibt dir überhaupt keine Hilfe.

Diese Plattformen sichern sich aber dennoch in gewisser Weise ab, indem sie von ihren Kreditnehmern Sicherheiten verlangen.

Plattformen für diese Art von Krediten sind zum Beispiel:

https://www.auxmoney.com

oder
https://www.mintos.com

►Wie viel kann ich verdienen?
Das kommt auf die Höhe deiner Investition an. Wenn du 20.000€ investierst, wirst du mehr Zinsen erhalten als wenn du nur 200€ investierst. Allerdings hast du bei dieser Methode tatsächlich passives Einkommen. Du musst dich um nichts mehr zu kümmern, sobald deine Investition getätigt wurde. Der Vorteil bei P2P Krediten sind die hohen Zinsen, die wir bekommen. Die Zinsen liegen hier oftmals bei bis zu 12% Prozent, wodurch sich ab einem gewissen Investitionsbetrag tatsächlich gute Summen erzielen lassen. Allerdings muss hier auch das Risiko beachtet werden. Umso höher die Zinsen sind,

umso höher ist auch das Risiko eines Kreditausfalls. Das bedeutet, dass der Kreditnehmer nicht liquide ist und nicht mehr zahlen kann. Du solltest also bestenfalls eine gesunde Mischung zwischen Risiko und Sicherheit finden.

►Wie hoch ist der Aufwand?

Der Aufwand besteht in der Analyse der Kreditnehmer. Welcher Person möchtest du dein Geld anvertrauen? Für welchen Nutzen benötigen die Nehmer das Geld? Mache dich mit diesen wichtigen Aspekten besser genauestens vertraut, denn ein Ausfall des Kredites kommt nicht selten vor.

►Dauer bis zu ersten Einkommen?

Das kommt auf deine Anlagestrategie aus. Möchtest du dass dein Gewinn reinvestiert wird oder möchtest du ihn direkt auszahlen? Manche Anbieter bieten die monatliche Auszahlung des Einkommens an, manche die jährliche Auszahlung. Finde einen Anbieter der am besten zu dir passt.

38. Beteiligung an Cannabispflanzen

Investitionen in den Cannabismarkt versprechen große Gewinne, da erwartet wird, dass sich die Cannabis Industrie in den nächsten Jahren verdreifacht.

Viele Firmen bieten Beteiligungen und Aktien an, was aber wie oben erwähnt mit gewissen Risiken behaftet ist.

Seit März 2019 ist Cannabis als Medizin in Deutschland erlaubt. Die Bundesregierung hat aufgrund des großen Bedarfs an CBD und an medizinischem THC dieses Jahr den Anbau von 10,4 t medizinischen Hanf in Deutschland an drei ausgewählte Firmen vergeben.

In der Schweiz wird Cannabis schon sehr viel länger angebaut, um der großen Nachfrage entsprechen zu können. Durch Zufall bin ich auf ein junges Startup in der Schweiz gestoßen, die eine Beteiligung an ihrem Unternehmen bieten.

Cannergrow heißt diese Firma und hat den Firmensitz Nähe Bern. Cannergrow hat es sich zur Aufgabe gemacht Cannabispflanzen zu züchten in sogenannten Greenrooms. Das machen natürlich viele Unternehmen in der Schweiz, aber was ich sehr interessant fand:

Cannergrow bietet virtuelle Pflanzen zum Verkauf an, die dann regelmäßig mehrfach im Jahr geerntet werden und von denen man an dem Ertrag des CBD beteiligt wird. Man kann sich einen Pflanzplatz für Lifetime für derzeit 500 Euro und partizipiert durch passives Einkommen mehrmals jährlich an dem Verkauf der Cannabisblüten. Im Moment gibt es noch Plätze in Mazedonien zu kaufen, wo weitere Growrooms gerade entstehen.

Solltest du später dringend Geld benötigen, könntest du deine Pflanzplätze jederzeit wieder verkaufen.

Bei Interesse: https://crld.cc/cg/QPCVET

►Wie viel kann ich verdienen?
Das kommt auf die Höhe deiner Investition an. Pro Ernte kannst du etwa 50 Euro verdienen abhängig von dem Marktpreis des Cannabis.

►Wie hoch ist der Aufwand?

Der Aufwand besteht nur im Kauf der Pflanzen. Zurzeit wird eine Pflanze/ Pflanzplatz in Mazedonien für 500 Euro angeboten. Dieses Einkommen ist wirklich passiv.

►Dauer bis zu ersten Einkommen?

Generell gibt es einen Ernte Rhythmus von etwa drei bis vier Monaten. Je nachdem, ob das Greenhouse, in dem deine Pflanzen stehen, schon fertig eingerichtet ist, dauert es einige Monate. Dafür soll die Ernte lebenslang erfolgen, was heißt, so lange die Firma existiert.

39.Passives Einkommen durch Kryptowährungen

Mit Kryptowährungen ein passives Einkommen aufzubauen ist durchaus möglich. Allerdings musst du in allen Fällen etwas oder mehr Geld investieren. Du solltest in jedem Fall darauf achten, nur so viel zu riskieren, wie du auch im schlimmsten Fall entbehren kannst. Sichere immer deinen Grundbedarf.

Kryptowährungen wie der Bitcoin waren 2017 der Renditebringer schlecht hin. So haben Investoren, die sich frühzeitig mit der Kryptowährung Ripple eingedeckt haben, mehrere 10.000 % Gewinn gemacht. Auch die bekannteste Kryptowährung, der Bitcoin, erlebte einen Höhesprung und kletterte auf bis zu 20.000 $ pro Bitcoin!

Der Bitcoin ist eine sehr volatile Währung, das heißt, die Schwankungen sind immens. Trotzdem gibt es gerade jetzt viele Möglichkeiten sich durch Kryptowährungen ein passives Einkommen aufzubauen. Es gibt nämlich Kryptowährungen die man lediglich in seiner Wallet (Digitale Geldbörse) halten muss, diese vermehren sich dann automatisch ohne eigenes Zutun, dieses Verfahren nennt man Staking.

Zudem ist es möglich durch das sogenannte „Mining " passiv an Kryptowährungen zu verdienen, es gibt aber auch Möglichkeiten durch Trading passiv von Kryptowährungen zu leben.

In diesem Abschnitt lernst du Kryptowährungen kennen, die dir passive Einnahmen bringen; zudem gehe ich auch auf das Thema Mining und Trading ein. Auch neue spannende Themen wie „Security Token " werden thematisiert.

Grundsätzlich kann ich dir nur raten, dich mit diesem Thema zu befassen. Wenn die Kurse in den Keller sind, gibt es oft einen guten Einstiegspunkt. Bevor du in Kryptowährungen investierst, solltest du dich unbedingt in das Thema einlesen, um den Grundgedanken zu verstehen.

Staking von Kryptowährungen

Eine sehr beliebte Variante sich mit Kryptowährungen ein passives Einkommen aufzubauen, ist das sogenannte Staking. Dabei erhält man durch das bloße Halten von Kryptowährungen eine Art Belohnung in Form von der jeweiligen Kryptowährung. Dadurch dass man die Coins in seiner Wallet hält und nicht bewegt, trägt man zur Sicherheit und Stabilität des Netzwerkes bei, dieses Verfahren nennt man Proof of Stake.

Je mehr man selber von einer bestimmten Kryptowährung hält, desto höher fallen die Belohnungen aus. Wichtig dabei ist es zu wissen dass man nicht alle Coin „Staken " kann. Es gibt jedoch eine große Auswahl von guten Kryptowährungen die über das Proof of Stake Verfahren laufen. Im Gegensatz zu dem Proof of Stake Verfahren, gibt es auch noch das sogenannte Proof of Work Verfahren, dieses Verfahren nutzt beispielsweise der Bitcoin, hier werden Miner genutzt, die mathematische Aufgaben lösen und das Bitcoin Netzwerk aufrecht erhalten. Man kann Kryptowährungen nämlich auch über das Proof of Work Verfahren erhalten, hierzu aber später mehr.

Die Vorteile des Proof of Stake Verfahren liegen klar auf der Hand:

Du brauchst keine spezielle Ausstattung, keine Rechner, keine Grafikarten oder sonst irgendetwas, um starten zu können. Du benötigst lediglich das Wallet, welches du dir kostenlos downloaden können, und je nach Kryptowährung eine bestimmte Anzahl an Token, um starten zu können.

Reddcoin
Reddcoin ist eine alternative Kryptowährung (diese wird im Krypto-Space auch Altcoin genannt), die als "The Social Currency" bekannt ist. Reddcoin behauptet von sich selbst „die soziale Währung zu sein ". Sie will das Zahlen auf sozialen Netzwerk wie Reddit, Twitter, Facebook usw. einfach machen.

Das Reddcoin Wallet deckt alle gängigen Betriebssystemplattformen ab wie Windows, Mac, Linux und Android. Für das Staking brauchen wir die original Wallet von Reddcoin, downloaden.

Reddcoin ist bereits seit mehreren Jahren auf dem Kryptomarkt und hat sich dementsprechend etabliert. Um das Staken zu beginnen gehen wir wie folgt vor:

1. Gehe auf die offizielle Webseite (https://www.reddcoin.com/) und klicke auf Wallet. Lade das aktuelle Wallet auf deinen Rechner runter. Starte das Wallet und prüfe über das Debug-Fenster ob eine Verbindung zum Netzwerk besteht.

2. Jetzt musst du dir die Reddcoin Blockchain runterladen. In der Regel dauert das Herunterladen der ReddCoin Blockchain mehrere Tage. Das Problem ist hier nicht Ihre Internetverbindung, sondern die Geschwindigkeit der Peer Server.

3. Jetzt musst du dir Reddcoins nur noch über z.B. Bittrex kaufen und auf deine Wallet übertragen lassen.

Das wars schon! Solange deine Wallet durchgehend geöffnet ist, fängt das Staking an und du erhältst alle paar Stunden bzw. Tage deine Belohnungen.

KuCoin Shares

Eine eher unbekannte Möglichkeit sich ein passives Einkommen aufzubauen ist es, die sogenannten KuCoin Shares zu nutzen. Bei KuCoin handelt es sich um eine sehr beliebte Kryptowährungsbörse, auf der man Kryptowährungen kaufen und verkaufen kann, bei diesen Käufen bzw. Verkäufen entstehen sogenannte „Trading-Gebühren ".

Jetzt kommen wir zum interessanten Teil: Du kannst nämlich von diesen Trading-Gebühren profitieren! KuCoin bietet nämlich seine eigene Kryptowährung an, die KuCoin Shares.

Das Prinzip ist ganz simpel, du kannst dich über die Plattform KuCoin die Kryptowährung KuCoin Shares kaufen und musst dann nichts weiter beachten. Anschließend bekommst du dann regelmäßig Anteile an den Gebühren, die auf der Plattform entstehen ab. Je mehr KuCoin Shares du hältst, desto höher fallen auch deine Einnahmen aus.

Und so gehst du vor:

1. Du gehst auf www.kucoin.com und meldest dich dort an.
2. Anschließend sendest du Ether oder Bitcoins an deine KuCoin Wallet Adresse.
3. Im letzten Schritt kaufst du den Coin „KuCoin Shares ".

Das wars auch schon! Je nachdem wie viele KuCoin Shares du in deiner Wallet hast, bekommst du dann täglich Ausschüttungen in diversen Kryptowährungen, die auf KuCoin.com gehandelt werden automatisch und vollkommen passiv in dein Wallet.

Security Token

Die meisten von euch werden sicherlich schon von sogenannten Initial Coin Offerings (ICO) gehört haben. ICO´s sind eine relativ neue Möglichkeit für Unternehmen Kapital einzusammeln, man kann sich das Ganze wie einen Börsengang von einer Aktiengesellschaft vorstellen. Der Unterschied hierzu besteht aber darin, dass bei einer ICO keine Firmenanteile an die Investoren verkauft werden, das Unternehmen verkauft lediglich virtuelle Token in Form von Kryptowährungen.

Diese Art der Kapitalbeschaffung war im Jahr 2017 bei vielen Unternehmen sehr beliebt, da die Unternehmen von dem allgemeinen Krypto-Hype profitiert haben und so die Aufwendigen Regularien, die ein Börsengang mit sich bringen würde komplett umgehen konnten. Auch die Investoren konnten eine ganze Zeit lang sehr viel Geld mit ICO´s verdienen, so war es 2017 nichts Besonderes, dass ein Token nach der ICO mehr als das zehnfache Wert war.

Der ICO Hype lockte jedoch auch sehr viele unseriöse Unternehmen an, die mit dieser Art der Kapitalbeschaffung viel Geld gewinnen konnten, die Investoren blieben dann zumeist auf ihren Kosten sitzen. Diese „Scams " und der allgemeine Rückgang im Kryptomarkt, führten schließlich dazu, dass 2018 immer mehr ICO´s Probleme mit der Kapitalbeschaffung haben, nur die wenigstens ICO´s schafften es 2018 überhaupt, das Soft-Cap (die Mindestsumme die gebraucht wird) zu erreichen.

Wie bereits oben erwähnt, handelt es sich bei ICO´s um eine komplett unregulierte Methode der Kapitalbeschaffung, ausgegeben wurde meistens ein sogenannter „Utility Token "; diese Art von Token wird benötigt, um eine bestimmte Handlung auf der Plattform des Anbieters durchführen zu können. Utility Token sind Kryptowährungen, die keinen Regularien unterstehen, gerade betrügerische ICO´s haben diese Art von Token ausgegeben.

In Deutschland hält sich die Bundesanstalt für Finanzdienstleistungsaufsicht (BaFin) bei dem Thema bisher zurück. Es gibt keine klaren Hinweise, in welchem Rahmen ein ICO möglich ist oder wie die genaue rechtliche Einordnung der Token zu erfolgen hat.

Um Krypto-Investoren ein Gefühl der Sicherheit geben zu können, gibt es jetzt eine neue Art von Token, nämlich die „Security Token ".

Bei dem Security Token, häufig auch Equity Token oder Investment Token, verspricht der Herausgeber eine Art Einnahme, entweder in Form von einer Unternehmensbeteiligung, Zinsen oder einer Dividende.

Zudem sind Security Token vergleichsweise wie Aktien komplett reguliert, man weiß also zu 100%, wer hinter dem Token steckt und wie das Unternehmen arbeitet. Alles muss transparent wie bei einem Börsengang dargestellt werden. Wir haben also einen rechtlichen Rahmen, in dem wir uns ohne Angst zu haben betrogen zu werden, frei bewegen können.
Aus Investoren Sicht sind Security Token äußerst interessant, denn anders als bei den herkömmlichen Uitility

Token werden wir bei den ST´s (Securitiy Tokens) am Unternehmensgewinn beteilligt.

Das heißt also, dass wir die Token lediglich (genauso wie Aktien) in unserer Wallet halten müssen um dauerhaft von den Unternehmensgewinnen partizipieren können.

Wichtig zu wissen ist, dass man hier natürlich genau darauf achten muss, in welches Unternehmen man investieren will, denn nur wo ein Gewinn gemacht wird, kann auch ein Gewinn ausgeschüttet werden.

Schaue dir daher das Geschäftsmodell der Firma genau an und entscheide selber, ob die Idee Früchte tragen kann. Denn wie ich bereits mehrmals erwähnt habe, bieten Kryptowährungen zwar sehr viele Chancen, sie bergen aber auch ein sehr hohes Risiko aus Investoren-Sicht.

►Wie viel kann ich verdienen?

Wenn du dich gut informierst und den Gedanken der Kryptowährung verstehst, kannst du zwei bis fünfstellig verdienen bedenke aber, dass du in jedem Fall Geld investieren musst und das Risiko hoch ist.

►Wie hoch ist der Aufwand?

Der Aufwand liegt vor allem darin, sich zu informieren. Du musst auch immer genau aufpassen, was du tust, wenn du Kryptowährungen versendest, denn diese Vorgänge können nicht rückgängig gemacht werden.

▶Dauer bis zu ersten Einkommen?
Theoretisch kannst du nach ein paar Tagen Geld verdienen. Da aber bei jedem Umtausch von Kryptowährung in Euro Gebühren anfallen, wäre es nicht sinnvoll, sich diese täglich auszahlen zu lassen.

40. Risikoinvestition mit HYIP

Dieses Kapitel wollte ich in der Neuauflage gerne noch hinzufügen, obwohl ich mir bewusst bin, dass die Investition in HYIPs schnell mit Totalverlust enden kann.

Was sind HYIPs?
Der Name HYIP ist übersetzt High Yield Investment Program, was so viel bedeutet wie ein hoch profitables Investitionsprogramm.
HYIPSs bieten oft sehr hohe Renditen, von denen man nur träumen kann. Ein bis drei Prozent Rendite pro Tag sind keine Seltenheit, bei längerem Investmentdauer

sind auch noch höhere Erträge möglich. Oft wird täglich ausgezahlt, manchmal erst am Ende der Laufzeit.
Warum investieren dann nicht alle in HYIPs?

Die Begründung ist sehr einfach:
Etliche HYIPs sind sogenannte „Ponzis " oder Schneeballsysteme, was bedeutet, dass die Programme gar keine Erträge erwirtschaften, sondern von zahlreichen Neuinvestoren leben und ein Teil deren Investitionen als Rendite auszahlen. Oft wird auch von sogenannten Leadern aggressiv für diese Systeme geworben. Nach einigen Wochen oder Monaten versiegt dann der Finanzfluss der Neuinvestoren und der Ponzi wird geschlossen. Dann gehen alle Anleger, die ihr Geld noch in diesem Programm haben, leer aus. Benannt wurden die Ponzis nach dem Betrüger Charles Ponzi, der dieses Schneeballsystem erfunden hat.

Trotzdem sind die eigentlichen HYIP Programme seriös und erwirtschaften hohe Rendite.

Da aber vor allem Anfänger ein Betrugssystem nicht auf den ersten Blick erkennen können, ist immer Vorsicht angesagt.
Am besten du beobachtest das System eine Weile und investierst dann einen geringen Betrag wie zum Beispiel

25 Dollar. Wenn Du deine Rendite ausgezahlt bekommst, kannst Du das ein paarmal machen und dein Investment wieder herausnehmen. Mit der angesammelten Rendite kannst du dann sorglos weiter investieren.

Auch ist es sinnvoll nicht nur in ein HYIP zu investieren, sondern dein Geld auf mehrere zu verteilen. Sollte dann eine Firma wirklich plötzlich schließen, gleichen die anderen deinen Verlust aus.

Wo findest du HYIPs? Du musst nur den Begriff in Google eingeben und bekommst viele Ergebnisse geliefert. Es gibt auch HYIP Monitorseiten, auf denen „angeblich " bestätigt wird, welche Unternehmen brav auszahlen.

Dort kannst du mal durchschauen und einen ersten Eindruck erhalten.
Für mich ist diese Art passives Einkommen ein bisschen wie Lotto Spielen oder Pferdewetten. Es kommt ein gewisses Kribbeln auf und man geht ein sehr hohes Risiko ein. Trotzdem kannst du auch sehr viel Geld damit machen.

►Wie viel kann ich verdienen?

Viel. Die üblichen Renditen betragen bei etwa 10 Tagen Laufzeit 1, 5%, bei längerer Laufzeit bis zu 6%. Investmentbetrag ab 10 Euro je nach HYIP.

►Dauer bis zu ersten Einkommen?

Viele HYIPs zahlen täglich auch kleine Summen aus.

►Wie hoch ist der Aufwand?

Du solltest etwas recherchieren und beobachten. Wichtig ist auch dein erstes geringes Investment auf mehrere Firmen zu verteilen. Zudem musst du dich bei jedem Unternehmen extra registrieren und teilweise auch deinen Account verifizieren. Du benötigst auch unter Umständen ein Bitcoin wallet.

In der Neuauflage meines Ratgebers zum Passiven Einkommen habe ich vieles umgestellt und geändert. Innerhalb von einem Jahr sind viele neue Möglichkeiten dazugekommen. Ich hoffe sehr, dass du aus der Vielfalt der Angebote auch für dich eine neue Einkommensquelle erschließen kannst.

Die aktuelle Technologie, die wir heute zur Verfügung haben, ermöglicht es uns, viele Aufgaben zu automatisieren, die noch vor wenigen Jahren manuell durchgeführt werden mussten. Deswegen musst du gar nicht mehr technisch so versiert sein, um digitale Arbeiten wie die Erstellung deiner eigenen Webseiten, die Einrichtung von Landingpages oder die Erstellung von Email-Listen deiner Abonnenten für deine Webseite durchzuführen.

Fakt ist, dass du heutzutage eine Webseite buchstäblich innerhalb von Minuten erstellen kannst, unabhängig davon, ob du technische Erfahrungen oder Computerkenntnisse hast. In der Tat hast du keinerlei Ausreden, um jetzt nicht anzufangen. Du kannst gleich loslegen. Die digitale Welt gehört ganz dir. Wenn du dich im Offlinebereich wohler fühlst, dann probiere das zuerst aus.

Vielleicht war ja eine Möglichkeit für dich dabei, die du schnell umsetzen kannst.

Ich habe dieses Buch geschrieben, um dir und vielen anderen einen Ansporn zu geben und zu helfen, sich ein Zusatz-oder Haupteinkommen zu erwirtschaften. Der entscheidende Punkt, um erfolgreich zu sein, ist unverzüglich zu starten. Man schiebt Aufgaben gerne vor sich her, um keine bindende Entscheidung treffen zu müssen. Aber die Entscheidung zu starten wirst du nach der arbeitsreichen Anfangszeit nicht bereuen. In dem Augenblick, wo es funktioniert und du erste Gewinne einfährst, kannst du viele Arbeiten auslagern und dein Business skalieren.

Dein Schlüssel zum Aufbau deines gewählten Geschäftsmodells ist das Lernen und Beherrschen des ersten Unternehmens, bevor du zu einem weiteren übergehst. Es mag einfach sein, sich mit vielen Dingen zu beschäftigen, aber damit du langfristig erfolgreich sein kannst, ist es entscheidend, dich an ein Konzept zu halten, bis es funktioniert.

Lass dir alle 40 neuen Geschäftsideen in Ruhe durch den Kopf gehen, informiere dich weiter und entscheide dich dann zeitnah. Vielleicht suchst du dir auch einen Mentor, der den Weg schon gegangen ist und mit dir die Klippen umschifft, die zu Fehlentscheidungen oder schlimmer zu finanziellem Verlust führen könnten.

Übe Geduld, wenn sich nichts als richtig erweist. Schließlich passiert nichts über Nacht. Es ist alles ein Prozess. Doch mit viel harter Arbeit, einer gesunden Dosis Klugheit, Einfallsreichtum und Selbstbeobachtung und etwas Glück wirst du bestimmt deinen richtigen Platz finden. Glaub an dich selbst und vertraue dem Leben.

Ich wünsche dir viel Erfolg auf Deinem Weg.

Dein Max Osberghaus

Achtung

Bitte beachte, dass ich dir viele Möglichkeiten vorgestellt habe, wie du dir dein passives Einkommen aufbauen kannst. Trotzdem musst du wissen, dass du allein für dein Handeln verantwortlich bist. Daher investiere nur, wenn du dir zu 100% sicher bist und es dich nicht ruiniert, falls du im schlimmsten Fall dein eingesetztes Kapital verlieren könntest. Ich bin kein professioneller Finanz- oder Anlagenberater und im Zweifelsfall solltest du einen Experten zur Rate ziehen. Alle Erfahrungen und Möglichkeiten, die ich dir schildere, basieren auf meinen positiven Erfahrungen. Ob diese für dich genauso gut funktionieren, kann natürlich keiner sagen. Wichtig ist, dass du dir deines Risikos bewusst bist und nicht einfach blind investierst.

Independently published

Kontakt:
Donna Lane c/o Werneburg Internet Marketing und Publikations-Service
Philipp-Kuhner-Straße 2
99817 Eisenach

Covergestaltung: angewandte-Grafik
Coverfoto: depositphotos/Igor Tishenko
Durch Empfehlungslinks bekommt der Autor eine kleine Provision.

Haftungsausschluss

Der Autor übernimmt keinerlei Gewähr für die Aktualität, Korrektheit, Vollständigkeit oder Qualität der bereitgestellten Informationen und weiteren Informationen. Haftungsansprüche gegen den Autor, welche sich auf Schäden materieller oder ideeller Art beziehen, die durch die Nutzung oder Nichtnutzung der dargebotenen Informationen bzw. durch die Nutzung fehlerhafter und unvollständiger Informationen verursacht wurden, sind grundsätzlich ausgeschlossen. Auch übernimmt er keinerlei Haftung für die Umsetzung, Funktionalität und Wirtschaftlichkeit der aufgezählten Einkommensquellen.

Printed in Poland
by Amazon Fulfillment
Poland Sp. z o.o., Wrocław

52919524R00114